本书受到"北京大学国家发展研究院腾讯基金"资助

国家智库报告 2020（25）
National Think Tank
经济

中国四大板块培育经济发展新动能实现路径研究

郑世林 著

CULTIVATING NEW DRIVING FORCE OF ECONOMIC
DEVELOPMENT IN FOUR MAJOR REGIONS OF CHINA

中国社会科学出版社

图书在版编目(CIP)数据

中国四大板块培育经济发展新动能实现路径研究 / 郑世林著. —北京：中国社会科学出版社，2020.8

（国家智库报告）

ISBN 978-7-5203-6942-8

Ⅰ.①中⋯　Ⅱ.①郑⋯　Ⅲ.①区域经济发展—研究—中国　Ⅳ.①F127

中国版本图书馆 CIP 数据核字（2020）第 145739 号

出 版 人	赵剑英
项目统筹	王　茵
责任编辑	马　明
责任校对	任晓晓
责任印制	李寡寡

出　　版	中国社会科学出版社
社　　址	北京鼓楼西大街甲 158 号
邮　　编	100720
网　　址	http：//www.csspw.cn
发 行 部	010-84083685
门 市 部	010-84029450
经　　销	新华书店及其他书店

印刷装订	北京君升印刷有限公司
版　　次	2020 年 8 月第 1 版
印　　次	2020 年 8 月第 1 次印刷

开　　本	787×1092　1/16
印　　张	7.5
插　　页	2
字　　数	80 千字
定　　价	49.00 元

凡购买中国社会科学出版社图书，如有质量问题请与本社营销中心联系调换
电话：010-84083683
版权所有　侵权必究

摘要： 新动能已成为引领中国经济发展的强大引擎。2016年，中国新产业、新业态、新模式"三新"经济增加值约为11.37万亿元，占GDP的15.3%，增速达到11.8%，高出经济增速3.9个百分点。一方面，人工智能、云计算、大数据、移动互联网、新能源汽车、3D打印、物联网、无人机等新业态快速增长，推动产业向价值链中高端发展。另一方面，网上零售、网络约车、移动支付、互联网金融、房屋短租、农村电商等"互联网+"新模式推动消费结构升级。

为了科学评估中国新动能发展状况，本课题依据党的十九大报告提出关于新动能的建设要求，对新动能概念进行了重新界定：新动能是以"新要素"为主要投入，以"新业态"为表现形式，以"新制度环境"供给为根本保障的新增长动力。在此基础上，课题组构建了"新动能发展指数体系"（设立了6个一级指标和25个二级指标），并评估了2013—2016年四大板块经济发展新动能的综合效果。

课题评估认为：中国经济新动能发展不断壮大，正在加速产生巨大的经济效益。从四大板块来看，东部地区新动能发展领先于全国；中部地区新动能发展势头良好；西部地区新动能发展刚刚起步；东北地区新动能发展稳中有进。

从四大板块经济发展新动能综合评估中存在的主

要短板出发，课题给出培育新动能的实现路径如下：一是全国重点在于提高新投资的比重，以及营造优良的制度环境。二是东部仍需加大企业技术改造和知识产权保护力度。三是中部应弥补高学历人才和知识资本的短板。四是西部重在提高人力资本和PCT国际专利水平。五是东北关键在于提升自主创新能力和改善制度环境。

在实现路径基础上，课题提出以下政策建议。

针对全国范围内：第一，大力培育和壮大新业态；第二，孕育适合新经济、新动能发展的制度环境；第三，优化投资结构，提高新投资占比。

针对四大板块：

东部建议：第一，加快实施"腾笼换鸟"战略，加大企业技术改造投资；第二，把知识产权保护上升到地区战略层面；第三，继续加大研发投入力度，培育原创性成果；第四，加大吸引顶尖国际人才力度。

中部建议：第一，培养和留住高素质创新人才；第二，提升地区知识资本水平；第三，大力推进创新驱动发展战略。

西部建议：第一，抓住新动能发展的宝贵机遇，不断缩小地区差距；第二，实行西部人才振兴计划；第三，将科技创新作为地区经济发展的重中之重。

东北建议：第一，优化制度环境，增强市场主体的活力;第二,加大研发人员股权激励力度,推动国有企业技术创新;第三,提高全要素生产率,助推经济提质增效。

关键词:经济发展;新动能培育;四大板块

Abstract: New driving force has become a powerful engine leading China's economic development. In 2016, the economic added value of China's "three innovations", including new industries, new business forms and new patterns, was about 11.37 trillion yuan, accounting for 15.3% of GDP, and their growth rate reached 11.8%, which was 3.9 percentage points higher than the economic growth rate. On the one hand, the rapid growth of new business forms such as artificial intelligence, cloud computing, big data, mobile Internet, new-energy vehicles, 3D printing, Internet of Things, and unmanned aerial vehicles has pushed the industry to the mid-to-high end of the value chain. On the other hand, new "Internet plus" patterns such as online retail, online car-hailing, mobile payment, Internet finance, short-term housing rental, and rural e-commerce have promoted the upgrading of the consumption structure.

To assess the state of China's new driving force scientifically, in accordance with the requirements on the new driving forces construction, which was proposed in the report of the 19th National Congress of the Communist Party of China (CPC), this subject redefined the new driving forces as new growth drivers with "new factors" as the main input, "new business forms" as the manifestation, and "new institutional environment" as the fundamental guarantee. Based on that, the research group constructed the "New Driving Force Development Index System" (set up 6 first-level indicators and 25 second-level indicators), and evaluated the comprehensive effects of the new driving forces for the economic development in four majorregions from 2013 to 2016.

The evaluation of the project showed that China's new economic driving forces were developing continually and generating huge economic benefits at an accelerating pace. In terms of the four regions, new driving forces in the eastern region was domesticadvanced. The development condition of new driving forces in the central region wasfavorable. New driving forces in the western region was in a fledging period. And new driving forces in the northeast region made steady progress.

Based on the major weaknesses exposed in the comprehensive assessment of the new driving forces of economic development in four major regions, the subject gave the realization method of cultivating new driving forces as follows: First, the focus of the whole country should be increasing the proportion of new investment and creating good institutional environment. Second, the eastern region still needs to strengthen technological upgrading of enterprises and intellectual property protection. Third, the central region should make up for the shortage of highly educated talents and intellectual capital. Fourth, the western region should focus on improving human capital and PCT international patent level. Fifth, it is crucial to enhance the capacity for independent innovation and improve the institutional environment in the northeast region.

Based on the realization method, the subject proposed the following policy suggestion for the whole country. First, vigorously cultivate and expand new business forms. Second, incubate an institutional environment suitable for the development of the new economy and new driving forces. Third, optimize the investment structure and increase the proportion of new investment.

Recommendations of the east region: First, accelerate the freeing of space for new and high-quality industries, increase investment in technological transformation of enterprises. Second, elevate the status of intellectual property protection to that of regional strategy. Third, continue to increase research and development investment, foster original achievement. Fourth, increase efforts to attract top international talent.

Recommendations of the central region: First, train and retain high-quality innovative talents. Second, improve the level of regional intellectual capital. Third, vigorously promote the strategy of innovation-driven development.

Recommendations of the western region: First, seize the valuable opportunities presented by the development of new driving forces and narrow the regional gap. Second, carry out the plan of revitalizing western talents. Third, make scientific and technological innovation the top priority of regional economic development.

Recommendations of the northeast region: First, optimize the institutional environment and enhance the vitality of market entity. Second, increase equity incentive for R&D personnel and promote technological innovation in state-owned enterprises. Third, increase total factor productivity and boost the quality improvement and efficiency promotion of the economy.

Key Words: Economic Development; New Driving Force Cultivation; Four Major Regions

目 录

一 中国四大板块经济发展新动能的发展状况 ……（1）
    （一）东部地区经济发展新动能的状况
         分析 ……………………………………（3）
    （二）中部地区经济发展新动能的状况
         分析 ……………………………………（5）
    （三）西部地区经济发展新动能的状况
         分析 ……………………………………（7）
    （四）东北地区经济发展新动能的状况
         分析 ……………………………………（8）

二 经济发展新动能指标体系和评价模型 ………（11）
    （一）经济发展新动能的概念界定 …………（11）
    （二）新动能评价的指标体系构建 …………（14）
    （三）数据来源 ………………………………（20）
    （四）评估模型 ………………………………（22）

三 中国四大板块经济发展新动能评价结果分析 ……（25）

（一）中国总体经济发展新动能评价结果 ……（25）

（二）东部地区经济发展新动能评价结果 ……（30）

（三）中部地区经济发展新动能评价结果 ……（39）

（四）西部地区经济发展新动能评价结果 ……（46）

（五）东北地区经济发展新动能评价结果 ……（54）

（六）四大板块发展新动能结果的比较 ……（61）

四 中国四大板块培育经济发展新动能评估结论和政策建议 ……（77）

（一）评估结论 ……（77）

（二）实现路径 ……（79）

（三）政策建议 ……（83）

五 计算附表 ……（95）

附件1：分板块新动能各级指标得分及排名情况 ……（95）

附件 2：分省新动能各指标得分及排名
情况 …………………………………（97）

参考文献 …………………………………（101）

后　记 …………………………………（103）

一 中国四大板块经济发展新动能的发展状况

新动能已成为引领中国经济发展的强大引擎。2016年,中国新产业、新业态、新模式"三新"经济增加值约为11.37万亿元[①],占国内生产总值的15.3%,其增速达到11.8%,高于GDP增速3.9个百分点。一方面,人工智能、云计算、大数据、3D打印、无人机等新业态快速增长,推动产业向价值链中高端发展。2016年高技术产业增加值比上年增长10.8%,比规模以上工业快4.8个百分点。另一方面,网上零售、网络约车、移动支付、互联网金融等"互联网+"新模式推动消费结构升级。2016年全年网上零售额达到5.1万亿元,比上年增长26.2%。其中,实物商品网上零售额4.19万亿元,占社会消费品零售总额的比重达到12.6%。

---

① 数据来源于国家统计局网站(http://www.stats.gov.cn)。下同。

从国际形势来看，自2008年国际金融危机以来的逆全球化浪潮，致使传统贸易模式受到了越来越多的掣肘。美国次贷危机和欧洲债务危机严重损害了世界经济原有的增长格局和增长机制。当前世界经济增长乏力，复苏进程艰难曲折，各国竞争加剧。尤其是美国总统特朗普上台以后，国际保护主义抬头，掀起了逆全球化浪潮，严重影响了中国传统贸易品的外部需求，而且由于缺乏核心技术，高技术产品生产很容易被"卡脖子"。从国内形势来看，传统生产要素优势不断减弱，旧经济增长动能愈加不可持续。主要表现为：老龄化进程不断加快，原有的人口红利和低劳动力成本优势逐渐消失；依靠重化工、钢铁、煤炭、房地产、基础设施等传统资本投资驱动经济增长的模式，也开始表现乏力；依靠对国际前沿技术吸收和模仿来推动技术快速进步的空间不断缩小，全要素生产率增速持续下降。

根据国内外政治经济形势研判：发展新动能成为未来中国经济结构调整、高质量发展的必由之路。党的十九大报告指出，"加快建设制造强国，加快发展先进制造业，推动互联网、大数据、人工智能和实体经济深度融合，在中高端消费、创新引领、绿色低碳、共享经济、现代供应链、人力资本服务等领域培育新增长点、形成新动能"。这为培育壮大新动能指明了前进方向。

由于资源禀赋不同,四大板块在培育新动能工作方面各有侧重,并在新动能发展上存在着明显的地区差距。为此,本课题从四大板块切入,分别研究各个板块培育经济发展新动能的现状,主要分析了四大板块推动新动能发展的举措以及实施效果。

(一)东部地区经济发展新动能的状况分析

东部地区经济总量稳定增长,稳居全国"龙头"。2013—2016年,东部地区生产总值(GDP)从32.48万亿增加到41.02万亿。位居中国经济前三的广东、江苏和山东三省均来自东部地区。同时,东部地区产业结构不断优化,第三产业成为经济增长主动力。第三产业增加值占国内生产总值的比重超过第二产业,从2013年的47.90%增加到2016年的52.37%,提高了4.47个百分点,并且撑起了东部地区经济的"半壁江山"。

近年来,发展新动能成为东部地区经济转型的重要突破口。东部地区持续推进政府职能转变,深入开展"互联网+"行动,不断强化创新引领,加快壮大新动能。首先,优化体制机制,加快转变政府职能。东部地区持续深化"放管服"改革,进一步简政放权,尊重市场作用和企业主体地位,营造创新创业氛围，持续激发全社会活力和创造力。其次，深入开展"互联网+"行动。东部地区推动大数据、云计算、物联网广泛应用，促进实体经济与互联网的深度融合，共享经济等新业态不断涌现。如，北京出台《推进两化深度融合推动制造业与互联网融合发展行动计划》，推进工业化、信息化省都融合；江苏省大力发展"互联网+金融业"，努力建设长三角金融高地，服务实体经济；上海建设"互联网+生活性服务业"创新示范区。此外，坚持创新引领经济发展，提高科技水平。东部地区坚定落实创新驱动发展战略，加快实现要素驱动向创新驱动的转变，加大科研投入，依靠科技进步增强经济发展后劲。2016年东部地区R&D经费内部支出达10689亿元，占全国R&D经费内部支出的60%以上。

东部地区新动能得到快速成长。东部地区互联网与实体经济加快融合发展，平台经济、分享经济广泛渗透，催生出电商、人工智能、大数据、移动支付、网约车、共享单车、互联网金融、无人驾驶汽车等新经济模式。电子商务销售额增长迅速，从2013年的4.19万亿元增长到2016年的7.61万亿元，增加了3.42万亿元；人均快递量从16.23件/人增至49.92件/人，增加了约2.08倍。而且，东部地区创新创业活力得到激发，滴滴打车、摩拜单车、ofo单车、蚂蚁金服、小米公司、大疆无人机、美团、拼多多等新兴"独角兽"公司层出不穷，2013—2016年，企业总数从564.37万家增加到857.02万家，增加了292.65万家。新动能的快速壮大支撑了东部地区的产业升级，助推了现代经济体系建设。

（二）中部地区经济发展新动能的状况分析

中部地区经济总量仅次于东部地区，崛起势头强劲。中部地区GDP从2013年的12.79万亿元增加到16.06万亿元，经济保持较快增长。中部地区经济结构不断优化，第三产业增加值占国内生产总值的比重不断提高，从2013年的37.93%增至2016年的44.14%。中部地区社会消费品零售总额达到7.7万亿元，同比增长11.0%，增速居各板块首位，较全国平均水平高0.8个百分点。

然而，中部地区产能过剩、高端人才匮乏问题突出。一方面，中部地区经济发展过多依赖重化工业，造成严重的产能过剩。尤其是，山西省经济发展高度依赖煤炭资源，经济形态较为单一。湖南省传统产业发展放缓，汽车制造和电子信息均面临天花板效应。另一方面，中部地区高学历人才缺乏，难以支撑科技创新。2016年，中部地区大专以上教育程度人口占比仅达到10.54%，在四大板块中排倒数第二，每万人研发人员数为44人，仅为东部地区131人的1/3。

在巨大的转型压力下，中部地区以技术、信息等新生产要素为支撑，不断壮大新动能。首先，出台加强创新体系建设的支持政策。中部地区各省从人才、项目、制度等多方面出台了支持政策。如湖北省推出"科技十条""新九条"等政策，加大力度推进创新驱动发展，并持续深化"互联网+放管服"改革，省级取消、下放、调整行政审批等事项725项。其次，大力发展高技术产业。高技术产业成长速度较快，高技术产业投资额从2013年的736.12元/人增加至2016年的1036.13元/人，发展势头良好。此外，积极推进数字经济。大力开展互联网与实体经济的融合，加快培育共享经济、网约经济等新业态新模式。

中部地区新动能发展取得可喜的成绩。一方面，中部地区信息技术发展势头良好。如安徽的量子通信、语音识别，湖南的超级计算机、超高速列车和医疗机器人，湖北的光电产业，河南的可见光通信等发展迅速，都取得了世界级成果。中部人均软件业务收入从2013年的366.03元/人增至2016年的639.24元/人，年均增长24.88%。另一方面，设立新兴产业创投引导基金、鼓励大众创业万众创新。企业数量从2013年的164.08万家增至278.29万家，增加了114.21万家。

与此同时，互联网经济得到快速发展，2013—2016年，电子商务交易额从7449.7亿元增至14966.9亿元，年均增长33.64%，对经济的拉动作用显著增强。

（三）西部地区经济发展新动能的状况分析

西部地区经济增速领跑全国，但总量仍比较落后。西部地区经济不断追赶其他板块，2016年西部地区各省份经济平均增速达到8.3%。尤其是，贵州、云南、宁夏、青海经济增长势头强劲，增速分别达到10.5%、8.7%、8.1%、8.0%，缩小了与东部地区的经济差距。同时，西部地区经济结构调整加快。第三产业增加值占国内生产总值的比重不断上升，从2013年的42.99%增至2016年的45.13%。

西部地区经济发展面临着基础设施落后、科研投入不足、人才外流的制约。第一，西部地区基础设施相对落后，导致运输成本偏高，与外界贸易受限，经济发展水平较为滞后。第二，西部地区对科研投入不足，2016年R&D经费支出为1942.12亿元，仅占国内生产总值的1.25%，不如广东省的科技投入（2035.14亿元）。第三，由于自然环境相对恶劣，就业机会与薪资待遇等条件较差，西部地区对人才吸引力弱，人员外迁严重。

西部地区新动能起步晚，但增速较快。一方面，西部地区互联网、大数据等产业快速发展，对经济带动能力明显提升。2013—2016年，电子商务销售额从5482.1亿元增至13227.9亿元，年均提高47.10%，人均快递业务量从1.74件/人增至5.10件/人，增加了1.93倍。大数据产业发展迅猛，如苹果、华为、腾讯等世界级大数据公司先后落户贵州省。另一方面，西部地区高技术产业发展迅速，机器人及智能装备等产业不断壮大，人均高技术产业新增固定资产投资额从2013年的356元增至600元。尤其是，重庆、陕西和四川对高新技术产业投资力度不断加大。

（四）东北地区经济发展新动能的状况分析

东北地区经济地位在全国不断下滑。2016年，东北地区经济增速为3.5%，低于全国平均水平。尤其是，辽宁省在2016年经济出现下降，减少2.5%。同时，东北地区经济总量为5.24万亿，在全国垫底，不足东部地区的广东、江苏、山东任一省。但是，东北地区工业"一柱擎天"的问题正在缓解。2013—2016年，第三产业增加值占国内生产总值的比重不断提高，从39.98%增至49.72%，并于2015年超过第二产业，成为经济发展的支柱产业。

东北地区国企体制依赖性强、产能过剩、营商环境欠佳等问题突出。第一，作为"共和国的长子"，东北地区的产业布局以重工业为主导，国有企业比重过高，要素市场发育滞后，造成经济转型升级缓慢、重化工业等领域产能严重过剩。2015年，东北地区规模以上国有企业资产占规模以上工业企业总资产的比重远高于全国平均水平，仅地方国有企业就有7000余家，总资产超过2.8万亿元，但净亏损达到52.7亿元。第二，体制机制僵化，束缚了经济发展。东北地区政府形式主义、官僚主义比较严重，失责失信、政策梗阻、弄权勒卡、不依法行政问题突出，市场主体正当权益不能得到有效保护，市场活力不能得到激发，也导致人才引进难、留住难，人才储备面临较大挑战。

近年来，东北地区主动转变经济发展方式，深化体制机制改革，用新动能推动新发展，实现老工业基地振兴。一方面，不断深化体制机制改革。中共中央、国务院以及相关部委出台了《关于全面振兴东北地区等老工业基地的若干意见》等一系列文件，均把深化东北地区体制机制改革放在首要位置。东北地区痛定思痛，根据党中央的指示，认真贯彻落实东北振兴相关文件，转变政府职能，释放创新创业活力。通过简政放权、完善事中事后监管、加强"法治东北、信用东北"建设，以加快转变政府职能；通过优化国有经济战略布局，积极稳妥发展混合所有制经济，完善国企国资管理体制，以深化国企国资改革；通过改善投资、营商软环境，放宽民间投资、市场准入，提升金融服务水平，以大力发展民营经济。另一方面，积极推动"互联网+"，加快经济转型升级。东北地区促进信息化与工业化深度融合，培育壮大新产业、新业态，积极发展以新一代信息技术、新能源汽车、高端装备和材料、数字创意、绿色低碳和生态环保等为代表的战略性新兴产业。

东北地区新动能取得一定进展。一方面，互联网经济得到快速发展，2013—2016年，人均快递业务量从1.88件/人增至6.64件/人，增加了2.53倍。2013—2015年，电子商务销售额从1851.6亿元增至3572.8亿元，年均增速30.99%。另一方面，高新技术产业发展有所回落。2013—2015年，高技术产业完成投资明显，人均高技术产业新增固定资产投资额从689.1元增至1030.6元，但2016年降为567.5元，出现了大幅下降现象。

二 经济发展新动能指标体系和评价模型

(一) 经济发展新动能的概念界定

"新经济"的概念最早是在描述美国经济走势时提出的。1991年4月至2001年3月,在信息技术(Information Technology,IT)迅猛发展的推动下,美国经济出现了第二次世界大战以后罕见的持续高增长和繁荣景象。1996年12月30日出版的美国《商业周刊》刊发的一组文章,首次将这种经济模式及现象定义为一种区别于传统经济模式的"新经济"(New Economy),并指出"新经济"是指在经济全球化背景下,信息技术革命以及信息技术革命带动的、以高新科技产业为龙头的经济。

2015年10月,国务院总理李克强指出,"我国经济正处在新旧动能转换的艰难进程中",至此,新动能首次在中国正式提出。2015年以来，新动能概念被政府、学界和企业等广泛使用。一般认为，新动能是指通过结构性改革等新举措以及新一代信息技术革命，所培育出的经济社会发展的新动力。李克强总理在经济座谈会中强调，新动能既来自"无中生有"的新技术、新业态、新模式等，也来自"有中出新"的传统产业改造升级。工信部部长苗圩表示，新动能是发展新兴产业与改造提升传统产业，不能把新动能片面地理解为新兴产业。

学者也对新动能概念进行了界定。黄茂兴提出，新动能本质上是由新一轮的科技和产业革命带动的新的生产、交换、消费以及分配活动，表现为基于新技术产生的各类新产业、新业态、新模式以及传统产业与新技术的融合发展。[1] 刘尚希等表示，新旧动能转换的过程是供给响应需求变化而不断优化的过程，通过满足需求、引领需求，实现对内外需求的响应而达成新的供需平衡。[2] 人大宏观经济分析与预测课题组认为，新动能分为以下七个方面：技术前沿创新、人口质量红利、技术创新导向的民间资本设备投资、现代

---

[1] 黄茂兴：《"十三五"时期中国区域发展新理念、新空间与新动能——2016年中国区域经济学会年会综述》，《中国工业经济》2017年第1期。

[2] 刘尚希、苏京春：《供给侧结构性改革、新动能与供求新平衡》，《中共中央党校学报》2018年第2期。

化农业与工业的质量提升、攀升国际价值链的新型开放、深度城市化、结构性改革红利。[①] 腾讯公司控股董事会主席马化腾在《数字经济：中国创新增长新动能》一书中指出，中国创造新动能的主要途径是数字经济的发展，数字经济将深刻影响传统企业和互联网企业。[②]

综上所述，现有对"新动能"的描述中，较侧重于结构性改革和产业转型升级，而忽视了对新动能的要素投入界定。为此，本课题组从生产理论视角提出新动能概念。新动能是一种新的要素投入，这种要素投入区别于传统要素的供给。课题组借鉴现有研究认为，新的要素投入包括人力资本、知识资本和新投资。传统的生产函数中，要素投入主要分为劳动和物质资本，将人力资本、知识资本和科技创新等新动能统一划为"索洛剩余"。这不仅忽视了新动能在经济增长中发挥的作用，在新动能作用日益突出的当下也是不符合现实需求的。有鉴于此，在劳动力数量的基础上，本课题组首先进一步考虑劳动者素质，纳入了人力资本。人才是国家原始创新的基础，高水平的人力资本

[①] 中国人民大学宏观经济分析与预测课题组，刘凤良、于泽、闫衍：《全球技术进步放缓下中国经济新动能的构建》，《经济理论与经济管理》2016年第12期。

[②] 马化腾：《数字经济：中国创新增长新动能》，中信出版社2017年版。

是孕育新动能的前提；同时，人力资本作为"双创"的承轴，为推动经济新旧动能转换，起到了关键性作用。其次，在有形物质资本的基础上，构建了"无形资本"即知识资本。知识资本是一个国家或地区所拥有的能够带来收益的知识与技能，包括 R&D 支出、ICT 与组织资本等。再次，科技进步是新动能的基础，反映各种形式知识的积累与改进，可以通过 TFP、专利与技术市场交易进行衡量。然后，为区分传统物质资本投入，课题组还界定了新投资，作为新动能的投入要素。所谓新投资是对新兴产业与技术改造领域投资的统称，其中，新兴产业以现代服务业、高技术产业与电子通信业等为典型代表，技术改造主要指通过对传统产业的技术改造，实现产业升级，减少单位能耗。最后，新业态是新动能活力程度的直接反映，制度环境是新动能发展的根本保障，因此将新业态与制度环境纳入指标体系。

综上所述，本课题组认为，新动能是以新要素为主要投入，以新业态为表现形式，以新制度环境为根本保障的新的增长动力。

（二）新动能评价的指标体系构建

本课题指标的选取遵循以下基本原则：（1）代表

性原则。选取能够重点反映新动能发展的指标，力求指向鲜明。（2）创新性原则。从生产函数角度，根据新动能要素投入，选取衡量指标。（3）可操作性原则。指标尽可能在现有的统计体系中有可测算基础，力求切实可行。（4）兼容性原则。尽可能与国家相关部委对经济发展新动能考评指标衔接。此外，本指标的计算上体现了系统性与独立性相协调、总量指标与相对指标相平衡、有效性与可操作性相适应、动态性与可扩展性相结合的原则，以对四大板块经济发展新动能进行全面、系统和科学的评估。

根据新动能的概念界定，经济发展新动能评价的指标体系设 6 个一级指标，具体包括：人力资本、知识资本、科技进步、新投资、新业态和制度环境。下设 25 个二级指标（参见表 2-1）。

表 2-1　　　　　经济发展新动能评价指标体系

一级指标	一级指标相对权重	二级指标	二级指标相对权重
1. 人力资本	0.15	1.1 平均受教育年限	0.4
		1.2 大专及以上教育程度人口占比	0.3
		1.3 万人研发人员数	0.3
2. 知识资本	0.2	2.1 R&D 支出在 GDP 中占比	0.35
		2.2 "大数据"百度指数	0.2
		2.3 人均软件业务收入	0.2
		2.4 人均组织资本	0.25

续表

一级指标	一级指标相对权重	二级指标	二级指标相对权重
3. 科技进步	0.15	3.1 TFP 贡献率	0.3
		3.2 人均 PCT 申请数	0.2
		3.3 人均专利申请数	0.3
		3.4 人均技术市场合同成交额	0.2
4. 新投资	0.2	4.1 人均现代服务业固定资产投资额	0.2
		4.2 人均高技术产业新增固定资产投资额	0.3
		4.3 电子通信业投资占高技术产业投资比重	0.1
		4.4 人均企业技术改造经费支出	0.2
		4.5 万元 GDP 能耗	0.2
5. 新业态	0.15	5.1 人均电子商务销售额	0.3
		5.2 人均快递业务量	0.2
		5.3 "共享经济"百度指数	0.2
		5.4 "人工智能"百度指数	0.15
		5.5 "互联网经济"百度指数	0.15
6. 制度环境	0.15	6.1 新成立企业增长率	0.3
		6.2 市场化程度	0.3
		6.3 "简政放权"百度指数	0.2
		6.4 区域知识产权指数	0.2

1. 人力资本指标

人力资本是体现在劳动者身上的智力资本，如劳动者的知识技能、文化技术水平等。该指标包含3个二级指标：（1）平均受教育年限是指该地区所有受教育人员的平均受教育年数；（2）大专及以上教育程度人口占比是指大专及以上人口数总和除以抽样调查中6岁及以上人口数；（3）万人研发人员数是指统计年鉴中该地区"研究与试验发展人员"除以该地区"从业人员数"。

2. 知识资本指标

知识资本是指那些旨在增加未来而不是当前消费的,除厂房、设备等有形物质资本之外的无形的资本。[①] 该指标包含4个二级指标:(1) R&D 支出在 GDP 中占比是指研究与试验发展(R&D)经费支出与国内生产总值(GDP)之比。(2)"大数据"百度指数是指以"大数据"一词为统计对象,计算出该关键词在百度网页搜索中搜索频次的加权和。百度指数在一定程度上反映了该地区政府、企业和居民对"大数据"的关注程度,也客观反映了地区"大数据"的发展程度。(3) 人均软件业务收入是指该地区软件业务的总收入除以该地区年末总人口数。(4) 人均组织资本是指该地区企业在特定的组织环境下,协同工作而形成的,能够为组织创造价值的人均资本额。其中,组织资本计算方法参考 Corrado 等和田侃等,运用2006年中国营养与健康调查数据(CHNS)中管理者工资占全国调查人员工资比重(5.12%)乘以《中国统计年

[①] Corrado, Carol, Charles Hulten, and Daniel Sichel, "Measuring Capital and Technology: An Expanded Framework", in C. Corrado, J. Haltiwanger, D. Sichel, eds., *Studies in Income and Wealth*, Chicago: The University of Chicago Press, 2005, pp. 11 – 41.

鉴》中就业人员的工资总额作为管理人员的总工资,再以20%的管理人员工资作为组织资本支出。①

3. 科技进步指标

科技进步是指科技活动自身规模与水平的提高。该指标包含4个二级指标:(1) TFP 贡献率是指全要素生产率(TFP)对经济增长的贡献程度;(2) 人均PCT申请数是指该地区通过《专利合作条约》(PCT)的国际专利申请数除以该地区年末总人口数;(3) 人均专利申请数是指该地区专利申请数除以该地区年末总人口数;(4) 人均技术市场合同成交额是指该地区技术市场合同成交额除以该地区年末总人口数。

4. 新投资指标

新投资是指用于发展新经济的投资。与传统投资的用途不同,新投资重点用于发展高技术产业、新兴产业和改造传统产业。该指标包含5个二级指标:(1) 人均现代服务业固定资产投资额是指该地区现代服务业固

---

① Corrado, Carol, Charles Hulten, and Daniel Sichel, "Measuring Capital and Technology: An Expanded Framework", in C. Corrado, J. Haltiwanger, D. Sichel, eds., *Studies in Income and Wealth*, Chicago: The University of Chicago Press, 2005, pp. 11 – 41;田侃、倪红福、李罗伟:《中国无形资产测算及其作用分析》,《中国工业经济》2016年第3期。

定资产投资额除以该地区年末总人口数。其中,现代服务业包含信息传输,计算机服务和软件业,金融业,批发与零售业,交通运输,仓储和邮政业,房地产业等。(2)人均高技术产业新增固定资产投资额是指该地区高技术产业新增固定资产投资额除以该地区年末总人口数。(3)电子通信业投资占高技术产业投资比重是指该地区电子通信业投资额与高技术产业投资额之比。(4)人均企业技术改造经费支出是指该地区企业技术改造经费支出除以该地区年末总人口数。(5)万元GDP能耗是指该地区能源消费总量(吨标准煤)除以该地区生产总值(万元)。

5. 新业态指标

新业态是新动能的最终体现形态,包含新动能的表现形式与发展模式。该指标包含5个二级指标:(1)人均电子商务销售额是指该地区电子商务销售额除以该地区年末总人口数;(2)人均快递业务量是指该地区快递业务量(万件)除以该地区年末总人口数;(3)"共享经济"百度指数是指以"共享经济"一词为统计对象,计算出该关键词在百度网页搜索中搜索频次的加权和;(4)"人工智能"百度指数是指以"人工智能"一词为统计对象,计算出该关键词在百度网页搜索中搜索频次的加权和;(5)"互联网经济"百度指数是指以"互联网经济"一词为统计对象,计算出该关键词在百度网页搜索中搜索频次的加权和。百度指数在一定程度上反映了该地区政府、企业和居民对"共享经济""人工智能"和"互联网经济"的关注程度,也一定程度上反映了地区产业新模式的发展程度。

6. 制度环境指标

制度环境是孕育新动能的外部土壤。良好的制度环境能够加快新动能的成长,为新经济的发展提供保障。该指标包含4个二级指标:(1)新成立企业增长率是指该地区本年新增企业单位数与上一年企业单位数的比值;(2)市场化程度是指中国分省份市场化指数报告中的市场化总指数评分;(3)"简政放权"百度指数指以"简政放权"一词为统计对象,计算出该关键词在百度网页搜索中搜索频次的加权和;(4)区域知识产权指数是指中国区域知识产权指数的综合实力排名;百度指数在一定程度上反映了该地区政府、企业和居民对"简政放权"的关注和改革程度。

(三)数据来源

在经济发展新动能指数评估中,包含6项一级指标和25项二级指标,各项指标的实际数据来源如表2-2所示。本课题组利用2013—2016年30个省份(由于西藏自治区数据缺失较多,因而未参与评估)的面板数据,对四大板块的新动能发展程度进行了综合评价。

表2-2　　　　　　　二级指标原始数据来源

一级指标	二级指标	数据来源
1. 人力资本	1.1 平均受教育年限	《中国统计年鉴》
	1.2 大专及以上教育程度人口占比	《中国统计年鉴》
	1.3 万人研发人员数	《中国科技统计年鉴》、各省份统计年鉴
2. 知识资本	2.1 R&D支出在GDP中占比	《中国科技统计年鉴》《中国统计年鉴》
	2.2 "大数据"百度指数	"百度指数"网站
	2.3 人均软件业务收入	《中国电子信息产业统计年鉴》《中国统计年鉴》
	2.4 人均组织资本	2006年中国营养与健康调查数据、《中国统计年鉴》
3. 科技进步	3.1 TFP贡献率	《中国统计年鉴》
	3.2 人均PCT申请数	国家知识产权局《专利统计年报》、《中国统计年鉴》
	3.3 人均专利申请数	国家知识产权局《专利统计年报》《中国统计年鉴》
	3.4 人均技术市场合同成交额	《中国统计年鉴》

续表

一级指标	二级指标	数据来源
4. 新投资	4.1 人均现代服务业固定资产投资额	《中国统计年鉴》
	4.2 人均高技术产业新增固定资产投资额	《中国科技统计年鉴》《中国统计年鉴》
	4.3 电子通信业投资占高技术产业投资比重	《中国高技术产业统计年鉴》《中国科技统计年鉴》
	4.4 人均企业技术改造经费支出	《工业企业科技活动统计年鉴》
	4.5 万元GDP能耗	《中国统计年鉴》
5. 新业态	5.1 人均电子商务销售额	《中国统计年鉴》
	5.2 人均快递业务量	《中国第三产业统计年鉴》《中国统计年鉴》
	5.3 "共享经济"百度指数	"百度指数"网站
	5.4 "人工智能"百度指数	"百度指数"网站
	5.5 "互联网经济"百度指数	"百度指数"网站
6. 制度环境	6.1 新成立企业增长率	《中国统计年鉴》
	6.2 市场化程度	《中国分省份市场化指数报告》
	6.3 "简政放权"百度指数	"百度指数"网站
	6.4 区域知识产权指数	《中国知识产权指数报告2016》

（四）评估模型

为了评估四大板块经济发展新动能，本课题遵循简单、易行和可操作性强的准则，利用2013—2016年全国各省的面板数据，选择功效系数法和标杆法相结合的方法作为综合指数评价方法。

在评价方法上指数合成分为三个步骤：第一步是明确指标权重；第二步是对个体指标进行无量纲化的

标准化处理，计算单个指标的分数；第三步是按照指标体系层次逐层合成指数。

1. 采用非等权重法

对指标体系的权重处理方法一般有等权重法和非等权重法两种。本课题采用非等权重法，原因在于各个指标起的作用不同，各指标权重组织本领域相关专家研讨确定。

2. 采用功效系数法和标杆法

由于新动能指数涉及指标较多，且各指标数据之间差距较大，为减少误差，客观反映各省新动能发展状况，以及避免计算评分出现不合理现象，本课题采取功效系数法和标杆法计算各个指标的分数。

按功效系数法的一般原理，功效系数评分法的基本模型为：

$$d_i = 80 + \frac{x_i - x_i^s}{x_i^h - x_i^s} \times 20$$

d_i 是单项指标评估分值，x_i 是某个指标值，x_i^h、x_i^s 分别是指标的最大值和最小值。80 和 20 是规定系数。第一个规定系数 80 为任意分值的最低值（基线），第二规定系数 20 决定可比指标值之间的最大差异幅度。规定系数也可以采取其他数值（比如 50 和 50），取决于评估者的出发点和目的。

按标杆法的一般原理,标杆评分法的基本模型为:

$$d_i = \frac{x_i}{x_0}$$

d_i 是单项指标评估分值,x_i 是某个指标值,x_0 是所选标杆。标杆可根据具体情况选择某一年某一省或全国的数值。

为客观反映不同地区新动能发展情况,并保证不同类别的评估结果可以比较,本书结合功效系数法和标杆法,将评价模型设定为:

$$d_i = 80 + \frac{x_i}{x_0} \times 20$$

其中 d_i 是单项指标评估分值,x_i 是某个指标值,标杆 x_0 设定为 2015 年(新动能提出年份)的全国总体水平。计算得出指标的单项值后,综合加权得出指标的综合值进行评价。

3. 指数合成方法

采用直线型无量纲化方法中的"基准年法"。首先以 2015 年全国总体数值为基期值(x_0),按照指标体系层次,以线性加权法逐层合成分数。该方法的优点在于更直观地体现指数随时间的变化,便于纵向比较可视化。该方法产生的分指标没有上限值,变化幅度的意义通过比较两个前后年度来体现。

三 中国四大板块经济发展新动能评价结果分析

（一）中国总体经济发展新动能评价结果

中国总体新动能迅速壮大，经济发展迸发出新活力。从图3-1可以看，2013—2016年中国总体经济发展新动能指数得分持续上升，从2013年的95.32分增至2016年的101.83分，年均增长2.17分。中国深入开展"互联网+"行动，网上购物、移动支付、大数据、云计算、互联网金融、人工智能等新业态蓬勃发展，带动了产业革命与产品创新。并且，中国加快发展先进制造业，新材料、生物医药、电子信息、5G、智能制造、超高速列车等新产业快速成长。研究结果充分说明，中国在培育壮大新动能方面取得了突破性进展，正在加速产生巨大的经济效益。

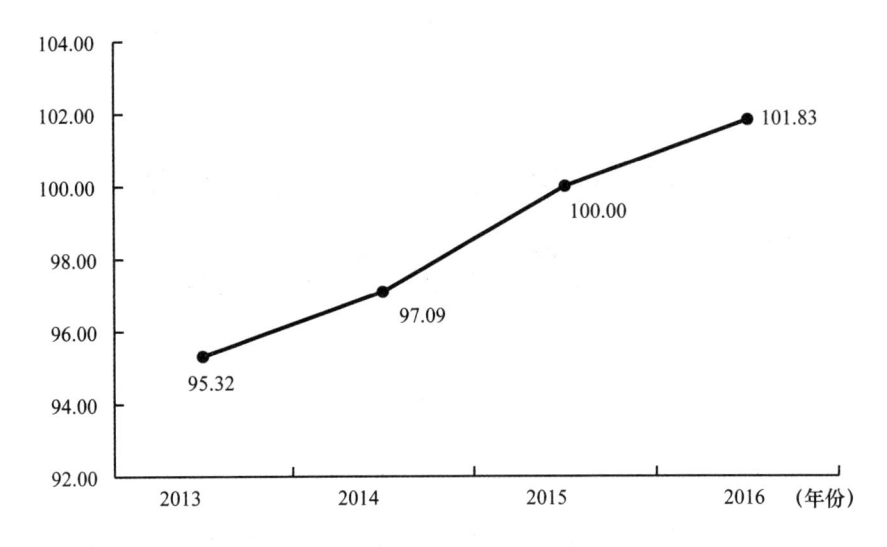

图 3-1 2013—2016 年中国总体经济发展新动能指数得分趋势（分）

1. "新业态"异军突起，形成新的经济增长点

结合表 3-1 和图 3-2 可以看出，新业态的评估得分提升最大，从 2013 年的 88.07 分增至 2016 年的 108.76 分，年均增长 6.90 分，实现从最差跃居第一的突破，说明"互联网+"深度融入实体经济，电子商务、快递服务、移动支付、互联网金融、网约车、咖啡创业、无人驾驶汽车等新兴业态不断出现，深刻影响着人们生产生活方式。全球每 5 家"独角兽"企业里，就有 2 家出生在中国，数量多、质量高，以"新经济"为特征的"独角兽"企业蓬勃发展，也折射出我国经济发展的强劲新动能。

2. 科技创新步伐加快，引领新动能快速发展

结合表3-1和图3-2可以看出，科技进步得分明显增加，从2013年的96.19分增至2016年的102.79分，年均增加2.2分。党的十八大以来，中国把创新驱动发展战略摆在国家发展全局的核心位置，大力发展专利事业，大学和科研机构、企业的自主创新能力得到显著提高。中国已经成为世界第一大专利申请国家，PCT国际专利申请量也处于世界第二的位置，在创新事业上取得了丰硕成果。

3. 知识资本积累取得新成效，拓展新动能发展空间

结合表3-1和图3-2可以看出，知识资本得分不断提高，从2013年的95.84分增至2016年的101.56分，年均增加1.91分。知识资本作为一种无形、看不见的资本，是培育新动能的重要基础。中国近年来不断加大R&D支出力度，R&D经费支出从2013年的11847亿元增至2016年的15000亿元，年均增加1051亿元，并且占国内生产总值的比重一直保持在2%以上。组织资本也显著提高，促进了企业的竞争力。知识资本积累不断加快，激活社会创造力，促进了新业态的出现和发展。

4. 制度环境持续得到改善,为新动能发展提高了坚实的保障

结合表 3-1 和图 3-2 可以看出,2013—2015 年,制度环境得分从 95.17 分增至 100.00 分。中国深入推动简政放权、放管结合、优化服务改革,转变政府职能、提高效能。2015 年,取消和下放 311 项行政审批事项,取消 123 项职业资格许可和认定事项,并且彻底终结了非行政许可审批。同时,大力推广电子政务和网上办事,优化公共服务流程,创新治理方式。但制度环境得分在 2016 年有所下降,说明中国仍应继续加大改革力度,持续释放改革红利。

5. 新投资扎实推进,但新旧发展动能"腾笼换鸟"有待进一步加强

结合表 3-1 和图 3-2 可以看出,2013—2015 年,新投资得分增长较快,但 2016 年出现回落。中国经济对房地产、"铁公基"、重化工业等投资仍有较强的依赖,钢铁、煤炭、电解铝行业产能过剩问题仍然突出,造成大量资源和资金的浪费,环境污染严重。2016 年,六大高耗能行业增加值增长 5.2%,占规模以上工业增加值的比重为 28.1%。同时,中国高技术产业仍处于全球价值链的中低端环节,劳动生产率与发达国家仍有较大差距,高技术产业、战略性新兴产业等领域发展还没有成为支撑经济的重要力量。2016年,高技术制造业占规模以上工业增加值的比重仅为12.4%。中国在传统产业升级改造方面仍需加强,应加速淘汰落后低效产能,为新动能腾出广阔空间。

表3-1 2013—2016年中国经济发展新动能一级指标表现情况(分)

一级指标	2013年	2014年	2015年	2016年
1. 人力资本	98.86	99.18	100.00	100.19
2. 知识资本	95.84	98.31	100.00	101.56
3. 科技进步	96.19	96.31	100.00	102.79
4. 新投资	97.04	98.33	100.00	99.47
5. 新业态	88.07	93.03	100.00	108.76
6. 制度环境	95.17	96.58	100.00	99.10

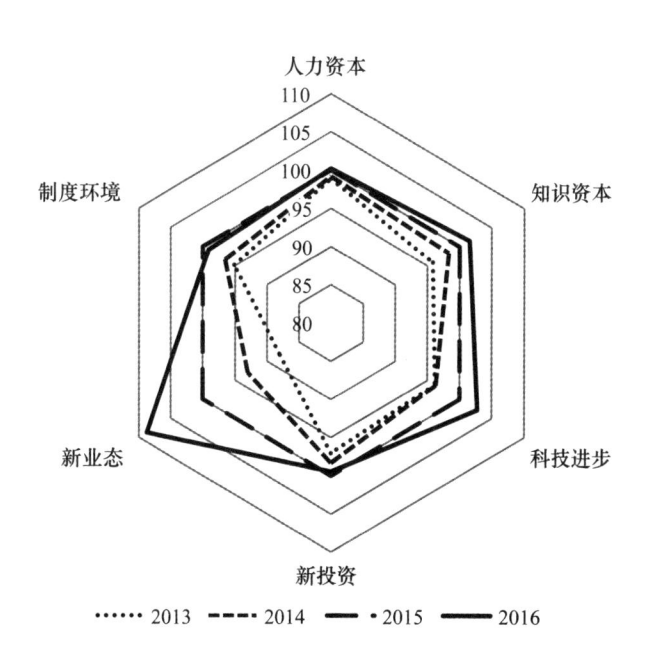

图3-2 2014—2016年中国总体经济发展新动能一级指标比较(分)

（二）东部地区经济发展新动能评价结果

1. 一级指标评价结果

东部地区新动能发展水平在全国遥遥领先。东部地区新动能综合得分及各项指标的得分情况如表3-2和图3-3所示。2013—2016年，东部地区新动能发展综合得分及各项细分指标得分均列全国首位。东部地区新动能发展指数得分增速较快，从2013年的99.39分增长到了2016年的108.89分，得分增速约为9.6%。具体而言，东部地区新动能发展呈现出以下五个特点：

（1）科技水平飞速提升

东部地区科技实力雄厚，科技水平飞速提升，引领新动能发展。结合表3-2和图3-3可知，科技进步得分增速约为10.7%。东部地区科技水平大幅提升的原因有两个：一是东部地区高校、科研机构密集，为地区科技进步奠定了基础。二是东部地区各省大力支持创新示范区、高新区、科技园区等园区建设，加快建设创新集聚中心，发挥科技在创新创业中的引领、辐射作用，为科技进步提供了有力的支撑。如北京中关村牵头实施《中关村国家自主创新示范区京津冀协同创新共同体建设行动计划（2016—2018年）》；杭州滨江高新区成立首个国家知识产权服务业聚集发展试验区；河北省建立了全国首批国家科技成果转化示范区——河北—京南国家科技成果转移转化示范区；广东省积极建设珠三角国家自主创新示范区等以提升地区科技创新水平。

(2) 知识资本加速集聚

东部地区知识资本加速集聚，已成为新动能增长的引擎。结合表3-2和图3-3可知，知识资本得分增速约9.6%，在四大板块中，得分增速最快，得分也最高。东部地区知识资本的快速集聚得益于两个方面：一方面，东部地区各省基本以外向型经济为主较早受到发达国家先进的技术、管理经验的影响，因而地区整体的知识资本积累深厚。另一方面，东部地区经济发展正处于由单纯依靠要素投入拉动经济增长转变为依靠创新驱动经济增长的发展阶段，这种经济发展模式的转变成为东部地区知识资本积累的重要推动力。2016年东部地区R&D经费内部支出达10689亿元，在全国R&D经费内部支出占比约60%以上，可见东部地区的研发投入正在推动知识资本集聚。

(3) 新业态发展势头迅猛

东部地区新业态强劲发展，为新动能培育注入活力。结合表3-2和图3-3可知，新业态得分为2016年最高分128.63分；六项指标中，新业态得分增速最快，约为35.8%。近年来，东部地区各省大力推进"互联网+"行动，积极发展新业态，成效显著。如上海市建设"互联网+生活性服务业"创新示范区；江苏省大力发展"互联网+金融业"，构建科技金融服务体系，扩大移动支付服务市场份额，努力建设长三角金融高地，服务实体经济；北京市相继推行"互联网+城市交通""互联网+商务""互联网+制造""互联网+创新创业"等政策，促进了互联网技术与社会经济领域的融合。此外智能制造也在东部地区蓬勃发展，北京市百度公司率先开发无人驾驶汽车；深圳市华为公司致力于自主研发芯片；深圳市大力开发3C智能机器人制造产业，成为机器人制造的聚集地。

（4）制度环境不断改善

东部地区制度环境不断改善，为新动能发展提供了有力的保障。结合表3-2和图3-3可知，东部地区制度环境得分居全国首位，得分增速约4%。东部地区是改善制度环境的排头兵。如，上海市成为全国多项制度改革的试验田，率先实行自贸区制度、积极推行简政放权制度、大力推进商事制度改革，其成功经验为全国各省效仿，为新动能的发展提供了制度保障。

（5）新投资增长缓慢

东部地区新投资增速缓慢。结合表3-2和图3-3

可知，东部地区新投资得分增速仅为2.9%，在六大指标中，得分增速最为缓慢。东部地区最先受到全球经济低迷的影响，正处于经济结构调整的探索期，新投资增速放缓。其中企业技术改造投资、电子通信业投资均有所下降。在实体经济领域，新投资下降可能会影响东部地区传统产业的转型升级以及新兴产业的可

表3-2　　　　东部地区新动能发展指数评分情况（分）

一级指标	2013年	2014年	2015年	2016年
1. 人力资本	103.96	104.52	105.01	105.49
2. 知识资本	106.75	111.12	114.70	116.98
3. 新投资	103.51	104.74	106.69	106.48
4. 科技进步	108.44	109.08	114.17	120.03
5. 新业态	94.71	103.41	114.61	128.63
6. 制度环境	99.38	101.23	103.48	103.34
总分	99.39	101.77	106.01	108.89

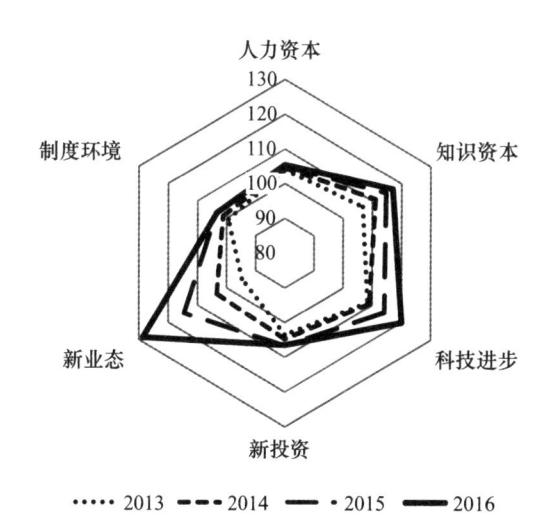

图3-3　东部地区细分指标得分对比情况（分）

持续发展。如何将东部地区优势的科技资源和创新资源转化为实体经济新投资、提高高技术产业和新兴产业附加值、加快促进产业结构优化升级，成为东部地区新动能发展的重要命题。

2. 二级指标评价结果

结合表3-3，从细分二级指标来看，东部地区新动能发展欣欣向荣，具体体现在以下四个方面：

（1）人均软件业务收入、人均组织资本高速增长

总体来看，东部地区人均软件业务收入和人均组织资本水平全国最高，增速较快，说明东部地区企业在市场上的竞争力最强。结合表3-3可知，2013—2016年，东部地区人均软件业务收入得分从2013年的113.44分增加到2016年的134.52分，得分增速约为18.6%；人均组织资本得分从2013年的107.31分增加到2016年的116.01分，得分增速约为8.1%。细分来看，北京市、上海市、天津市、江苏省人均软件业务收入和人均组织资本得分均居于全国前列。东部地区人均软件业务收入、人均组织资本高速增长与东部地区竞争力较强的企业高度集聚有关，如华为、百度、腾讯、京东、阿里巴巴等公司总部均设在东部地区。

（2）研发产出水平不断提高

总体来看，东部地区研发产出水平全国最高，研

发产出水平提升较快。结合表3-3可知，东部地区人均PCT专利申请数、人均专利申请数和人均技术市场合同成交额得分均全国最高，2016年，三项指标的得分分别为147.52分、124.00分和120.63分。三项指标得分增速也较快，得分增速分别为29.9%、11.0%和11.2%。细分来看，北京市、广东省、上海市、浙江省、天津市、江苏省三项指标得分居于前列。其中，北京市得分均最高，2016年，北京市人均PCT专利申请数为3.06个，人均专利申请数为87.04个，人均技术市场合同成交额为18136.1元。北京市较高的研发产出水平与北京市一流高校、科研机构云集密不可分；再加上，北京市大力建设科技创新中心，构建开放型的协同创新集群，中关村科技园汇集了国际一流创新资源，为科技创新引领经济发展创造了有利条件。

（3）人均快递业务量、"共享经济"迅速发展

总体来看，东部地区新业态大幅增加，人均快递业务量、"共享经济"发展最为迅速。结合表3-3可知，东部共享经济、人均快递业务量得分较高，得分增速较快。人均快递业务量从2013年的98.79分增加到了2016年的142.29分；共享经济得分从2013年的80.05分增加到了2016年的144.50分。细分来看，上海市、浙江省、北京市、广东省人均快递业务量及共享经济得分均高于东部地区平均水平。东部地区多省互联网企业云集,"互联网+"行动大力发展,极大地促进了地区互联网经济的蓬勃发展。如阿里巴巴集团总部位于杭州市、腾讯等互联网企业总部集聚于深圳市等,共享单车(如 ofo、摩拜)、共享汽车等业务率先在北京市、上海市展开并在全国范围内快速推广。

(4) 简政放权成效突出

东部地区简政放权改革成效显著。结合表3-3可知,东部地区简政放权得分从2013年的87.90分增加到2016年的102.49分,中间虽有下降,但整体得分呈上升趋势,得分增速约为16.6%。细分来看,广东省、北京市、山东省、浙江省、江苏省简政放权得分均高于东部地区平均水平。其中,广东省简政放权得分最高,且得分年平均增速最快,约5%。广东省率先成为深化行政审批制度改革先行试点,坚持立法与改革同步的原则,在高等教育、金融、商业等领域全方位大力推进"放管服"改革,具体表现在:一是深入推进工商登记便利化,积极建立市场准入负面清单制度,大力清理规范涉企收费项目;二是努力提升政府监管能力,全面推行"双随机、一公开"监管模式;三是优化政府服务,全面推广"一门式、一网式"政府服务模式,大力简化优化公共服务流程,提升基层公共服务能力。

东部地区新动能在蓬勃发展的同时,也存在以下三个方面的不足：

①研发经费支出呈分化态势

总体来看，东部地区研发投入仍显不足。结合表3-3可知，东部地区研发经费支出占比得分增速较慢，得分年平均增速约为0.46%。2016年东部地区R&D经费支出在GDP中占比约为2.6%，低于世界发达国家平均水平（3%）。细分来看，北京市、上海市、天津市R&D经费内部投资占比得分居于全国前三位。北京市2016年R&D经费内部投资占比约为5.78%，为全国最高。上海次之，2016年R&D经费内部投资占比约为3.72%。海南省、河北省得分最低。海南省2016年R&D经费内部投资占比仅为0.54%。由此可见，东部地区整体研发经费支出占比呈现两极分化态势，研发经费支出占比提升空间较大。

②人均企业技术改造经费支出有待提升

总体来看，东部地区新投资增速较慢，其中人均企业技术改造经费支出得分降幅最为明显，降幅达5.73%。细分来看，海南省、广东省、河北省、北京市、天津市人均企业技术改造经费支出得分降幅最大，得分平均降幅约为8.5%。由此可见，东部地区新投资水平提升空间较大。

③知识产权保护力度仍需加强

总体来看，东部地区知识产权保护力度有所下降。

结合表3-3可知，东部地区区域知识产权保护指数得分从2013年的112.20分下降到了2016年的109.91分，得分降幅约2%。细分来看，海南省、河北省知识产权保护力度低于全国平均水平，区域知识产权保护指数得分最低。此外，除海南省外，东部地区其他省份区域知识产权保护力度均呈下降趋势。

表3-3 东部地区新动能发展指数细分指标得分（分）

一级指标	二级指标	2013年	2014年	2015年	2016年
1. 人力资本	1.1 平均受教育年限	100.44	100.41	100.55	100.63
	1.2 大专及以上教育程度人口占比	97.79	98.17	99.06	98.87
	1.3 万人研发人员数	114.83	116.37	116.89	118.58
2. 知识资本	2.1 R&D支出在GDP中占比	109.96	110.69	111.70	112.00
	2.2 "大数据"百度指数	93.75	104.94	109.61	109.38
	2.3 人均软件业务收入	113.44	119.51	126.68	134.52
	2.4 人均组织资本	107.31	109.96	113.38	116.01
3. 科技进步	3.1 TFP贡献率	101.69	100.85	102.58	97.34
	3.2 人均PCT申请数	113.58	118.53	129.38	147.52
	3.3 人均专利申请数	111.72	109.94	114.86	124.00
	3.4 人均技术市场合同成交额	108.50	110.67	115.34	120.63
4. 新投资	4.1 人均现代服务业固定资产投资额	97.81	100.28	102.29	104.53
	4.2 人均高技术产业新增固定资产投资额	101.87	104.08	108.98	108.06
	4.3 电子通信业投资占高技术产业投资比重	105.77	104.73	104.86	105.61
	4.4 人均企业技术改造经费支出	108.13	107.11	105.75	101.93
	4.5 万元GDP能耗	105.92	107.82	109.50	111.05

续表

一级指标	二级指标	2013年	2014年	2015年	2016年
5. 新业态	5.1 人均电子商务销售额	104.10	112.31	114.90	122.89
	5.2 人均快递业务量	98.79	108.61	122.12	142.29
	5.3 "共享经济"百度指数	80.05	81.23	112.25	144.50
	5.4 "人工智能"百度指数	97.82	107.84	107.51	116.40
	5.5 "互联网经济"百度指数	86.91	103.83	114.26	112.96
6. 制度环境	6.1 新成立企业增长率	95.08	93.22	96.44	97.06
	6.2 市场化程度	102.79	103.80	104.80	105.80
	6.3 "简政放权"百度指数	87.90	98.95	104.40	102.49
	6.4 区域知识产权指数	112.20	111.67	111.13	109.91

（三）中部地区经济发展新动能评价结果

1. 一级指标评价结果

中部地区新动能发展势头良好。中部地区新动能各指标得分与对比情况如下表3-4和图3-4所示。可以看到，中部地区的新动能发展指数总分从2013年的92.21分逐年提高至2016年的97.52分，年均增速约为1.92%，新动能对于经济的拉动作用不断增强。中部地区的新动能发展状况呈现出以下几个特点：

（1）新业态取得可喜成绩

在中部地区的各项指标中，新业态的增幅最大，从2013年的84.96分增加至2016年的102.07分，年均增速达到6.32%，在新业态方面的成效显著。2013—2016年，中部地区的电子商务交易额从7449.7

亿元增至14966.9亿元，年均增长33.64%，对经济的拉动作用显著增强。中部地区以技术、信息等新生产要素为支撑，大力发展新业态，在互联网经济和共享经济方面发展势头迅猛，年均增速分别达到17.32%和5.62%，大幅领先全国平均水平，发展成效显著。湖北省互联网产业发展迅速，2016年全省规模以上服务业中互联网和相关服务业实现营业收入36.40亿元，增长76.6%。

(2) **新投资表现活跃**

中部地区在新投资方面从2013年的97.29分提高至2016年的100.53分，分数一直处于较高水平，尤其是高技术产业和电子通信业的发展水平较高。在中部地区各个省份中，湖北、湖南、江西在新投资方面的表现较好，评估得分在全国范围内居于较高水平。湖北省推出"科技十条""新九条"等政策，大力推进高技术产业发展。湖南省实施技术创新"311"工程、首台重大技术装备、首批次重点新材料产品奖励制度、创新创业"135"工程。江西省实施项目滚动投资计划、创新驱动"5511"工程等，2016年人均高技术产业新增固定资产投资额在全国所有省份中排名第三。

(3) **人力资本增长缓慢**

中部地区在人力资本方面尽管保持逐年提升，但提高幅度较为缓慢。人力资本仅从 2013 年的 95.20 分增长至 2016 年的 96.12 分，且在全国范围内仅略高于西部地区，表现出在人力资本方面存在不足。其中，作为人口大省，河南人力资本问题较为突出，2016 年的平均受教育年限为 7.96 年，排在全国倒数第二。高素质人才数量不足是中部地区面临的主要问题，未来需要进一步提升人力资本水平，支持和促进新动能发展。

（4）制度环境仍需加强

中部地区的新动能总体上稳步发展，但 2016 年在制度环境方面出现了明显退步，评估得分从 2015 年的 102.34 分回落至 99.77 分，说明中部地区在制度环境方面还需继续巩固和加强。在细分指标上，新企业成立数量变化和知识产权保护水平均有所下降，表明中部地区需要为企业营造良好的创新创业氛围，加强知识产权保护力度，进一步完善和巩固制度环境，激发市场活力。

（5）与东部地区还存在明显差距

中部地区的新动能整体上稳步提升，总分从 2013 年的 92.21 分显著提高至 2016 年的 97.52 分，但与东部地区的 108.89 分仍然存在明显差距，在各项指标上的得分也全面落后于东部地区。中部地区原有的经济发展较为依赖传统和低端产能，在未来需要进一步加强新动能的培育，不断追赶东部地区，加快经济发展方式的转型升级。

表3-4　　　中部地区新动能发展指数评分情况（分）

一级指标	2013年	2014年	2015年	2016年
1. 人力资本	95.20	95.68	96.39	96.12
2. 知识资本	90.61	92.45	93.53	94.25
3. 科技进步	89.16	89.52	91.22	92.44
4. 新投资	97.29	99.48	100.68	100.53
5. 新业态	84.96	88.52	94.58	102.07
6. 制度环境	94.86	96.60	102.34	99.77
总分	92.21	93.93	96.52	97.52

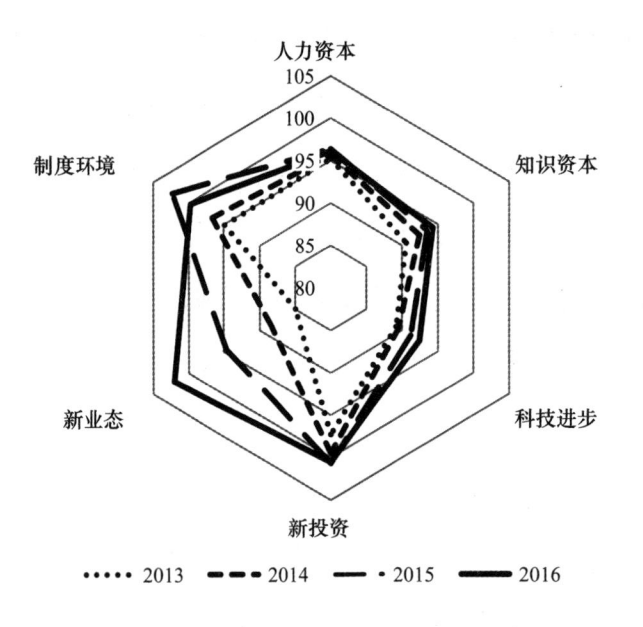

图3-4　中部地区细分指标得分对比情况（分）

2. 二级指标评价结果

结合表3-5，从细分二级指标来看，中部地区新

动能发展取得了良好的成效,主要体现在以下几个方面:

(1) 高新技术产业发展良好

中部地区的人均高技术产业新增固定资产投资额从2013年的736.12元/人增加至2016年的1036.13元/人,该项得分从96.15分提高至102.73分,大幅领先于全国平均得分,仅略低于东部地区。中部地区的高新技术产业发展速度较快,在产值、占比、增速方面均明显高于工业总体水平,高新技术企业数量增长较快。在细分省份方面,2016年,江西省人均高技术产业新增固定资产投资额1528.24元/人,得分为113.53分,在全国所有省份中排名第三。湖南省人均企业技术改造经费支出为383.65元/人,得分为106.83分,在全国排名第五。

(2) 互联网经济和共享经济发展势头迅猛

中部地区在互联网经济和共享经济方面的增长速度较快,对经济的拉动作用不断增强。在"互联网经济"百度指数上,中部地区从2013年的82.47分提升至2016年的97.18分,年均增速达到5.95%。在"共享经济"百度指数上,中部地区从2013年的80.00分提升至2016年的129.17分,年均增速达到20.49%。在这两项指标的增速上,中部地区均明显领先于全国平均增速,与东部地区十分接近。

(3) 电子通信业一直保持较高水平

2013—2016 年,中部地区的电子通信业投资占比分别为 52.18%、51.64%、49% 和 52.82%,一直处于全国领先水平,得分分别为 105.10 分、104.85 分、103.58 分和 105.41 分,与东部地区的分数十分接近。2017 年,湖北省规模以上互联网和相关服务业实现营业收入 36.40 亿元,增长 76.6%;软件和信息技术服务业营业收入增长 16.0%,营业利润增长 12.8%。2016 年,安徽省电子通信业投资占高技术产业投资比重达到 61.08%,得分为 109.39 分,在所有省份中排名第六。

然而,中部地区新动能发展仍然存在一些不足之处,主要表现在以下方面:

①高学历人才占比不足

中部地区在人力资本方面增长较慢,仅从 2013 年的 95.20 分增长至 2016 年的 96.12 分,在高学历人才方面尤其表现出不足。2016 年,中部地区的大专及以上教育程度人口占比仅为 10.54%,略高于西部地区的 10.52%,在全国处于较低水平。中部地区 2016 年的平均受教育年限为 8.98 年,与 2013 年相比并未取得提升,一直位于较低水平。2016 年,河南省平均受教育年限为 7.96 年,排在全国倒数第二。

②知识资本存在短板

2016 年,中部地区的人均软件业务收入为 639.24

元/人，人均组织资本为59.91元/人，这两项指标的得分均是各大板块中的最低值，仅为83.87分和92.87分，说明企业竞争力仍然偏弱。从2013年至2016年，中部地区的人均软件业务收入的得分仅增加1.65分，人均组织资本得分仅增加2.84分，在知识资本方面的短板并未得到很好改善。2016年，山西省人均软件业务收入为66.41元/人，在全国排名倒数第二。湖南省2016年的组织资本为47.85元/人，排在全国倒数第一。

表3-5　　　中部地区新动能发展指数细分指标得分（分）

一级指标	二级指标	2013年	2014年	2015年	2016年
1. 人力资本	1.1 平均受教育年限	99.64	99.66	99.74	99.64
	1.2 大专及以上教育程度人口占比	92.91	93.76	95.91	94.49
	1.3 万人研发人员数	91.58	92.27	92.39	93.05
2. 知识资本	2.1 R&D支出在GDP中占比	97.00	97.51	97.94	98.18
	2.2 "大数据"百度指数	88.53	95.30	98.06	99.47
	2.3 人均软件业务收入	82.22	82.63	83.17	83.87
	2.4 人均组织资本	90.03	90.94	92.01	92.87
3. 科技进步	3.1 TFP贡献率	97.21	96.46	98.81	97.13
	3.2 人均PCT申请数	81.91	81.73	81.46	83.49
	3.3 人均专利申请数	88.03	88.83	90.97	94.54
	3.4 人均技术市场合同成交额	86.00	87.96	89.97	91.19

续表

一级指标	二级指标	2013年	2014年	2015年	2016年
4. 新投资	4.1 人均现代服务业固定资产投资额	91.76	93.95	95.91	97.88
	4.2 人均高技术产业新增固定资产投资额	96.15	100.99	104.77	102.73
	4.3 电子通信业投资占高技术产业投资比重	105.10	104.85	103.58	105.41
	4.4 人均企业技术改造经费支出	98.93	99.42	96.06	94.26
	4.5 万元GDP能耗	98.96	100.13	102.47	103.72
5. 新业态	5.1 人均电子商务销售额	86.16	88.74	90.92	92.16
	5.2 人均快递业务量	83.27	84.90	87.58	92.10
	5.3 "共享经济"百度指数	80.00	80.55	99.81	129.17
	5.4 "人工智能"百度指数	93.92	100.75	100.08	103.91
	5.5 "互联网经济"百度指数	82.47	91.32	98.72	97.18
6. 制度环境	6.1 新成立企业增长率	96.91	94.61	108.33	99.47
	6.2 市场化程度	97.21	98.96	100.71	102.46
	6.3 "简政放权"百度指数	85.82	95.63	101.45	99.86
	6.4 区域知识产权指数	97.31	96.99	96.67	96.08

（四）西部地区经济发展新动能评价结果

1. 一级指标评价结果

西部地区新动能刚刚起步，发展水平相对滞后。结合表3-6和图3-5可知，西部地区2013—2016年新动能得分分别为90.42分、91.44分、93.83分和94.54分，均明显低于全国平均水平，与东部地区差距从2013年的8.97分扩大到2016年的14.35分，发展水平相对滞后。不过，近年来西部地区新动能发展也取得了一些可喜的成绩。如贵州省大数据产业迅猛发展，苹果、华为、腾讯等世界级大数据企业先后落户，阿里巴巴、华芯通、FAST等重大项目推进顺利，货车帮、白山云、易鲸捷等本土企业也获得快速成长，成为行业标杆。成都市基本形成以战略性新兴产业为引领、先进制造业为支撑的现代制造业体系，培育形成了电子信息、汽车制造等6个千亿产业集群，产业支撑能力和发展后劲不断增强。2016年，成都软件服务业规模跃上了3000亿元台阶，实现软件业务收入2354.8亿元，增长14.63%，占全国的4.9%、中西部地区的31.2%和西部地区的45.7%，中西部排位第一。具体而言，西部地区新动能发展呈现出以下五个特点：

（1）新业态发展日新月异

新业态得分从2013年的83.55分增长到2016年的95.20分，增长率高达13.94%，年均增长率为4.46%，增速显著高于其他一级指标。分省来看，四川、重庆和陕西新业态发展最快，2016年得分分别为110.83分、107.50分和101.78分，其中，四川和重庆得分已位居全国前十。近年来，四川更加鲜明地突出发展质量和效益，生物医药、航空与燃机、信息安全等新兴产业活力迸发；重庆市电子商务、共享经济、人工智能与互联网经济发展迅速。

(2) 知识资本增速较快

2013—2016年，西部地区知识资本得分分别为89.72分、91.22分、92.52分和93.96分，维持了平稳较快增长。分省来看，重庆和陕西知识资本水平最高，2016年得分达到105.60分和101.76分，均高于全国平均水平。2016年，重庆市人均软件业务收入仅次于北京、上海和江苏，人均组织资本也位居全国前列。陕西省人均软件业务收入从2013年的1828.67元增长到2016年的3417.20元，增长了86.87%，大数据增长率高达108.10%。

(3) 制度环境引领作用加强

2013—2016年，西部地区制度环境得分均在92分以上，平均得分达到95.18分，明显高于其他一级指标。2014年之后，制度环境表现最为突出，成为西部地区新动能发展的领头羊。分省来看，重庆和四川的制度环境得分最高，2016年分别为100.59分和99.32分。作为西部地区经济发展的引擎，重庆和四川在创业环境、市场化程度、简政放权，以及知识产权保护等方面均走在了前列。

(4) 人力资本亟须提高

2013—2016年，人力资本仅仅提升了0.72分，而其他一级指标提升幅度均在2分以上；增长率仅为0.75%，明显低于新动能整体增长率4.56%。此外，

2016年西部地区人力资本得分甚至出现下滑。分省来看，贵州省人力资本最差，平均受教育年限、大专及以上教育程度人口占比与万人研发人员数均位于西部地区的末位。

表3-6　　　西部地区新动能发展指数评分情况（分）

一级指标	2013年	2014年	2015年	2016年
1. 人力资本	94.35	94.89	95.46	95.07
2. 知识资本	89.72	91.22	92.52	93.96
3. 科技进步	88.70	88.13	90.95	91.06
4. 新投资	92.79	93.91	95.46	95.64
5. 新业态	83.55	86.20	90.21	95.20
6. 制度环境	92.82	93.51	98.28	96.10
总分	90.42	91.44	93.83	94.54

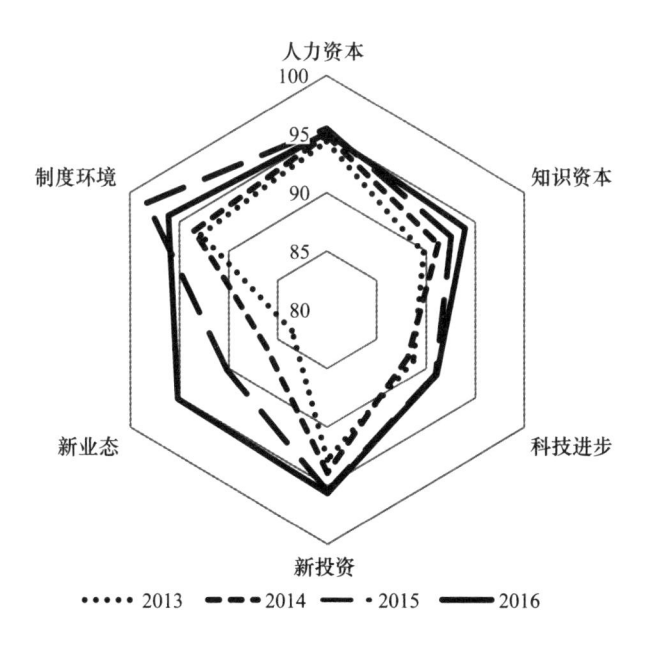

图3-5　西部地区细分指标得分对比情况（分）

(5) 科技水平严重落后

2016年，科技进步得分只有91.06分，明显低于其他一级指标，是西部地区新动能发展的最大短板。分省来看，新疆和宁夏科技水平最低，2016年只有77.27分和79.75分。经济发展粗放导致TFP贡献率下降，专利创新不足与技术市场不完善等因素进一步加剧了这两个省份科技水平的落后。

2. 二级指标评价结果

结合表3-7，进一步从二级指标来看，西部地区表现出如下几个特征：

(1) 共享经济迅猛发展

2013—2016年，西部地区"共享经济"百度指数得分分别为80.00分、80.22分、91.54分和110.70分，年均增长率高达12.79%，2016年增长率更是超过20%。分省来看，四川"共享经济"得分最高，2016年达到147.72分，位居全国第五，共享网约车、共享房屋、共享餐饮、共享金融、共享物流……近年来，各种共享经济如雨后春笋般出现在四川这块新经济发展的沃土上。共享经济已经全面渗透到各个领域，正迎来"井喷式"发展，并成为促进西部地区经济增长强有力的新动能。

(2) 创新创业表现活跃

西部地区新成立企业增长率表现优越，2013—

2016年平均增长率高达18.21%，该指标2016年得分为98.79分，高于制度环境下其他二级指标。从细分省份来看，贵州新成立企业增长率最高，2013—2016年分别为46.94%、31.95%、35.09%和24.24%，年均增长率超过34.56%。贵州近年来持续加大引进与培育新企业的力度，大数据、健康、现代服务业等新兴产业迅速发展，经济活力不断释放。

（3）电子通信业动能强劲

从电子通信业投资占高技术产业投资比重来看，2013—2016年得分分别为99.26分、100.69分、98.73分和102.46分，平均得分达到100.29分，是西部地区近4年平均得分最高的指标，从实际数值来看，2016年电子通信业投资占高技术产业投资比重已达到46.7%，已超越全国平均水平。分省来看，青海、重庆和陕西2016年得分最高，甚至超过东部地区平均水平，这些省份在发展高新技术产业时，超过一半的资金都投向了电子通信业。

然而，以下两个二级指标的发展情况令人担忧。

第一，研发人员严重不足。

从万人研发人员数来看，2013—2016年得分分别为89.57分、90.19分、90.19分和90.84分，低于全国平均水平，与东部地区差距接近30分。分省来看，青海与贵州的万人研发人员数最少,得分均低于87分。究其原因,西部地区高校、科研院所与企业人才流失严重,如兰州大学、西安交通大学和西南财经大学等西部高校每年都流失大量优秀生源与杰出教师;由于基础设施差、待遇偏低,不少企业研发人员也纷纷涌向东部发达省市。

第二,PCT专利极度匮乏。

西部地区2013—2016年人均PCT专利申请数得分分别为81.41分、81.60分、81.64分和82.52分,而全国该4年平均分是99.41分,两者相差近18分。分省份来看,除四川、重庆和陕西之外,人均PCT专利申请数普遍不足,其中,甘肃和青海人均专利数最低,2016年两个省份的得分均低于80.5分,每万人PCT申请数分别为31个和51个,处于全国末位。人才短缺,配套基础设施差,以及开放度不足等因素共同制约了西部地区专利事业的发展。

表3-7 西部地区新动能发展指数细分指标得分(分)

一级指标	二级指标	2013年	2014年	2015年	2016年
1. 人力资本	1.1 平均受教育年限	98.63	99.32	98.73	98.69
	1.2 大专及以上教育程度人口占比	93.44	93.68	96.38	94.46
	1.3 万人研发人员数	89.57	90.19	90.19	90.84

续表

一级指标	二级指标	2013年	2014年	2015年	2016年
2. 知识资本	2.1 R&D支出在GDP中占比	93.81	93.94	94.74	95.32
	2.2 "大数据"百度指数	86.35	91.58	94.15	95.83
	2.3 人均软件业务收入	83.68	84.46	85.36	88.25
	2.4 人均组织资本	91.51	92.51	93.82	95.14
3. 科技进步	3.1 TFP贡献率	94.84	90.73	97.18	94.61
	3.2 人均PCT申请数	81.41	81.60	81.64	82.52
	3.3 人均专利申请数	87.80	88.72	91.10	92.25
	3.4 人均技术市场合同成交额	88.12	89.90	90.67	92.52
4. 新投资	4.1 人均现代服务业固定资产投资额	93.91	96.18	98.20	100.21
	4.2 人均高技术产业新增固定资产投资额	87.82	89.68	94.00	93.25
	4.3 电子通信业投资占高技术产业投资比重	99.26	100.69	98.73	102.46
	4.4 人均企业技术改造经费支出	95.82	94.49	94.18	91.46
	4.5 万元GDP能耗	92.87	93.99	94.56	95.41
5. 新业态	5.1 人均电子商务销售额	84.50	88.17	90.79	90.64
	5.2 人均快递业务量	82.63	83.73	85.01	88.01
	5.3 "共享经济"百度指数	80.00	80.22	91.54	110.70
	5.4 "人工智能"百度指数	89.89	94.92	94.53	97.91
	5.5 "互联网经济"百度指数	81.29	84.83	89.88	90.55
6. 制度环境	6.1 新成立企业增长率	83.57	95.19	106.56	98.79
	6.2 市场化程度	93.72	94.64	95.57	96.49
	6.3 "简政放权"百度指数	83.61	89.61	95.18	94.74
	6.4 区域知识产权指数	93.36	93.21	93.05	92.84

(五) 东北地区经济发展新动能评价结果

1. 一级指标评价结果

东北地区培育新动能发展稳中有进，取得了阶段性成果。东北地区新动能综合得分及各项指标的得分情况如表3-8和图3-6所示。2013—2015年，东北地区新动能增速较快，之后增速趋缓，年平均增幅1.21分，在2016年达到99.04分，但低于同期全国平均水平。具体而言，东北地区新动能发展呈现出以下几个特点：

(1) 人力资本具有比较优势

东北地区人力资本得分基本在99分上下小幅波动，在六项一级指标中分数最高，相对于中部、西部地区也具有一定比较优势。东北地区的人力资本优势主要得益于两方面：一是，该地区各类科研院所众多，既拥有哈尔滨工业大学、吉林大学、大连理工大学、中科院分所等诸多一流机构，又拥有哈尔滨铁道职业技术学院、吉林交通职业技术学院等职业高校，为发展人力资本储备了良好的教育资源。二是，东北地区作为老工业基地，早期资源禀赋突出，人均收入水平较高，为发展人力资本打下良好的经济基础。但同时需要注意的是，东北地区人力资本进步缓慢，人才流失风险未能得到有效控制,与东部地区相比尚存差距,难以对新动能发展形成长期有力支撑。

(2) 新业态起步较晚,发展较快

东北地区新业态得分在2013年只有83.79分,时隔三年则增至94.16分,年均增速达4.13%。近年来,东北地区着力推进产业结构调整,积极培育新产业新业态,并不断取得新的成效。比如,辽宁省制定了《辽宁省积极发挥新消费引领作用加快培育形成新供给新动力的实施方案》,加快推进新业态相关制度建设与标准制定。同时,加大对信息产业发展和信息基础设施建设的支持力度,大力发展基于"互联网+"的新产业新业态;吉林省也通过加强政策引导,加大财税支持力度与投资支持力度,推进信息产业、旅游业等领域的新业态发展。

(3) 科技进步需要加速追赶

尽管东北地区科技进步得分逐步回升,但与东部地区的差距没有得以有效缩小,并且低于同期中部、西部水平,在本地区六项一级指标中也属于最低得分。东北地区科技进步不够理想的核心问题在于创新投入严重不足,相应机制体制不够完善。2014年,辽宁省研发投入占GDP的比重为1.52%,黑龙江省是1.07%,吉林省只有0.95%,远低于全国平均水平的2.05%。吉林省不仅创新投入低,创新成果利用率也有待提高，2015年在技术市场成交2891项合同中，本省买方只占60.4%，有近40%的技术成果流到域外。

（4）新投资后劲不足

东北地区新投资在2016年大幅萎缩，将会对新动能发展产生不利冲击。新投资得分由2013年的96.74分上升到2015年的99.87分，但于2016年下降5.32分。从细分省份来看，辽宁省降幅最为显著，吉林省紧随其后，黑龙江省与上一年基本持平。

（5）制度环境亟待改善

东北地区制度环境不佳，成为桎梏新动能发展的重要因素。近年来，东北地区制度环境得分始终居于全国末尾，且在2016年出现显著下滑。东北地区制度环境不佳的深层次原因在于，没有理顺政府与市场之间的关系，市场化程度偏低。东北地区国有企业占比过高，要素市场发育滞后，部分政府形式主义、官僚主义严重，计划经济思维尚未根除，体制机制不够灵活，配套服务水平不高，导致"投资不过山海关"。

表3-8　　　　东北地区新动能发展指数评分情况（分）

一级指标	2013年	2014年	2015年	2016年
1. 人力资本	99.36	98.93	98.85	99.26
2. 知识资本	93.25	94.43	94.78	94.66
3. 科技进步	84.21	81.48	88.43	90.54
4. 新投资	96.74	97.55	99.87	94.55

续表

一级指标	2013年	2014年	2015年	2016年
5. 新业态	83.79	85.94	90.21	94.16
6. 制度环境	91.24	92.74	96.60	94.54
总分	95.42	96.40	98.91	99.04

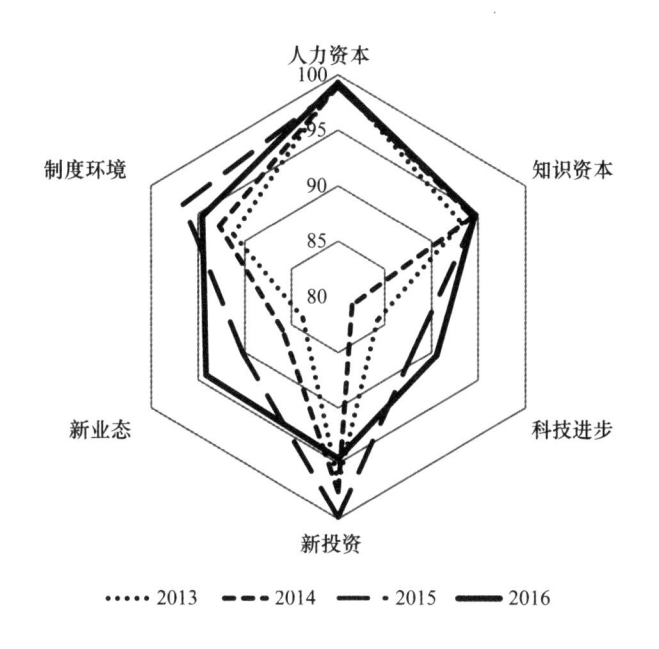

图3-6 东北地区细分指标得分对比情况（分）

2. 二级指标评价结果

结合表3-9，进一步从细分指标来看，东北地区表现出如下几个特征：

（1）教育水平全国居首

东北地区教育水平小幅领先于东部地区，处于全国前列。其中，东北地区大专及以上教育程度人口占比优势最为突出，该项指标得分高于同期东部地区1—3分。东北地区平均受教育年限得分则一直超过100

分，对新动能发展综合得分产生了有力的拉动作用。分省来看，黑龙江与吉林省的教育水平较为接近，二者平均分差不超过1分。辽宁省各类中高等职业院校与科研院所云集，并大力促进教育公平，普及义务教育和高中教育，增加教育机会，在教育水平方面的表现整体强于黑龙江省和吉林省。

东北地区在发展新动能方面具备自身的比较优势，但面临更多的发展挑战。

(2) TFP贡献率需要不断加强

东北地区TFP贡献率得分从2013年的78.76分上升到2016年的92.84分，年均增长4.69分，反映出该地区由要素驱动、投资驱动向创新驱动转变的成效已经开始显现。但是相对于全国其他地区而言，东北地区仍然处于末位。分省来看，黑龙江省的TFP贡献率得分整体领跑于东北地区另外两省，在2016年达到106.87分，相对于2013年增长21.92分。吉林省的TFP贡献率得分增速最快，三年增长27.08%。而辽宁省的TFP得分波动最大，虽然在2015年大幅回升73.71%，但之后又下降21.25%，最终仅为87.82分，得分最低。

(3) **高技术产业固定资产投资额有待提升**

总体来看，东北地区人均高技术产业固定资产投资额与东部地区的差距有扩大趋势，并且在电子通信产业方面的差距尤为明显。东北地区人均高技术产业固定资产投资额得分从 2013 年的 95.12 分上升到 2015 年的 102.61 分,在 2016 年却出现大幅下滑,降幅达 9.9%。虽然同期东部地区该项指标得分也有下降,但降幅只有 0.84%。东北地区电子通信业投资占高技术产业投资比重得分也从 2013 年的 91.58 分上升到 2015 年的 93.42 分,然后降至 2016 年的 92.25 分。分省来看,吉林省在人均高技术产业固定资产投资额方面的得分处于东北地区最高水平。而辽宁省在电子通信业方面的发展要强于吉林省和黑龙江省。

(4) 自主创新能力不足

总体来看,东北地区自主创新能力进步缓慢,与东部地区的差距在逐渐扩大,并且在全国范围内水平最低。东北地区人均 PCT 申请数得分在 2013 年为 81.97 分,时隔三年,仅上升到 82.92 分,增长不足 1 分。人均专利申请数得分由 2013 年的 88.48 分上升到 2016 年的 90.24 分,年均增长只有 0.66%。而同期东部地区这两项指标得分则分别上升了 29.88% 和 10.99%。分省来看,辽宁省的自主创新能力虽有小幅波动,但整体优于东北地区另外两省。

(5) 创业环境亟待改善

东北地区新成立企业增长率得分在 2016 年只有 87.86 分,低于全国平均水平,在全国范围内垫底,且存在一定下滑趋势，反映出该地区新兴市场主体活力不足，缺乏发展后劲。分省来看，辽宁省在创新创业环境方面要优于黑龙江省和吉林省，该省每年新增企业数量高于东北地区另外两省新增企业数量之和。辽宁省为打造双创沃土，制定了《关于贯彻落实〈中共中央国务院关于全面振兴东北地区等老工业基地的若干意见〉加快推进辽宁老工业基地新一轮振兴发展的实施方案》，对全省创新创业作出明确部署，积极推动制度改革，努力营造公平公正、法治诚信的营商环境。吉林省新成立企业增长率得分则出现趋势性下滑，连续三年下降6.58分。黑龙江省新成立企业增长率也不容乐观，该项得分在2016年只有86.61分，居于东北地区末尾。

表3-9　　东北地区新动能发展指数细分指标得分（分）

一级指标	二级指标	2013年	2014年	2015年	2016年
1. 人力资本	1.1 平均受教育年限	101.24	100.96	100.79	100.98
	1.2 大专及以上教育程度人口占比	100.78	99.50	100.22	101.25
	1.3 万人研发人员数	95.43	95.65	94.89	94.98
2. 知识资本	2.1 R&D支出在GDP中占比	96.39	95.54	94.07	95.58
	2.2 "大数据"百度指数	86.11	90.97	93.30	93.47
	2.3 人均软件业务收入	95.75	97.61	98.43	93.82
	2.4 人均组织资本	92.56	93.12	94.04	95.00

续表

一级指标	二级指标	2013年	2014年	2015年	2016年
3. 科技进步	3.1 TFP贡献率	78.76	68.94	90.13	92.84
	3.2 人均PCT申请数	81.97	82.57	82.59	82.92
	3.3 人均专利申请数	88.48	87.78	88.74	90.24
	3.4 人均技术市场合同成交额	88.24	89.74	91.23	95.13
4. 新投资	4.1 人均现代服务业固定资产投资额	97.77	96.81	95.27	92.80
	4.2 人均高技术产业新增固定资产投资额	95.12	98.21	102.61	92.45
	4.3 电子通信业投资占高技术产业投资比重	91.58	92.86	93.42	92.25
	4.4 人均企业技术改造经费支出	97.80	96.52	101.79	92.56
	4.5 万元GDP能耗	99.69	100.69	101.68	102.59
5. 新业态	5.1 人均电子商务销售额	85.03	86.73	89.74	88.01
	5.2 人均快递业务量	82.57	83.65	85.60	89.16
	5.3 "共享经济"百度指数	80.00	80.16	90.58	109.68
	5.4 "人工智能"百度指数	90.34	94.89	94.86	96.90
	5.5 "互联网经济"百度指数	81.44	86.17	92.14	89.67
6. 制度环境	6.1 新成立企业增长率	84.77	84.57	93.07	87.86
	6.2 市场化程度	97.87	98.35	98.82	99.30
	6.3 "简政放权"百度指数	84.78	93.10	100.12	98.02
	6.4 区域知识产权指数	97.45	96.24	95.03	93.96

（六）四大板块发展新动能结果的比较

1. 四大板块新动能总体结果的比较

本部分整理了2013—2016年中国东部、中部、西部、东北的新动能发展指数，对四大板块评价结果进行了对比，主要得到以下重要结论。

(1) 东部地区新动能发展水平最高

首先,东部地区新动能发展指数得分最高。2013—2016年东部地区新动能发展指数得分远超其他三个地区(见图3-7)。以2016年为例,东部地区新动能发展指数得分为108.89分,东北、中部和西部地区分别只有99.04分、97.52分和94.54分。其次,东部地区新动能发展的六个一级指标得分均为最高。2013—2016年东部地区的人力资本、知识资本、科技进步、新投资、新业态、制度环境六项指标得分在四大板块中始终位列第一。最后,东部地区新动能发展提高最快。图3-7展示了四大板块2016年新动能发展指数相较于2013年的增幅,四大板块的新动能发展指数均呈稳步增长的势态,东部地区的新动能发展指数得分提高最快,为9.50分。

(2) 中部地区新动能发展潜力较大

一方面,中部地区新动能发展指数得分远低于东部。2013—2016年中部地区得分分别为92.21分、93.93分、96.52分和97.52分。另一方面,中部地区新动能发展水平提高较快。与2013年比,2016年中部地区新动能发展指数得分增加了5.31分,增幅仅次于东部地区。

(3) 西部地区新动能发展仍有较大差距

首先,西部地区新动能发展指数得分最低。2013—

2016年新动能发展指数得分分别只有90.42分、91.44分、93.83分和94.54分,在四大板块中始终处于最低水平。其次,西部地区人力资本和知识资本匮乏。2013—2016年西部地区人力资本和知识资本两项一级指标得分始终垫底。最后,西部地区新动能发展水平增长较为缓慢。与2013年比,2016年西部地区新动能发展指数得分上涨了4.12分,增幅略高于东北地区。

(4) 东北地区新动能发展前景尚不明朗

首先,东北地区新动能发展指数得分较高。2013—2016年东北地区新动能发展指数得分分别为95.42分、96.40分、98.91分和99.04分,仅次于东部地区。其次,东北地区科技进步和制度环境落后。2013—2016年科技进步和制度环境两个指标得分在四大板块中均处于最低水平,与东部地区有很大差距。最后,东北地区新动能发展最慢。与2013年比,2016年东北地区新动能发展指数得分只提高了3.62分。因此,虽然整体水平暂居第二,但是新动能提升最慢。如果东北不及时改善制度环境,促进科技进步,以及寻求新的增长动力,那么未来新动能发展可能会被中部地区反超。

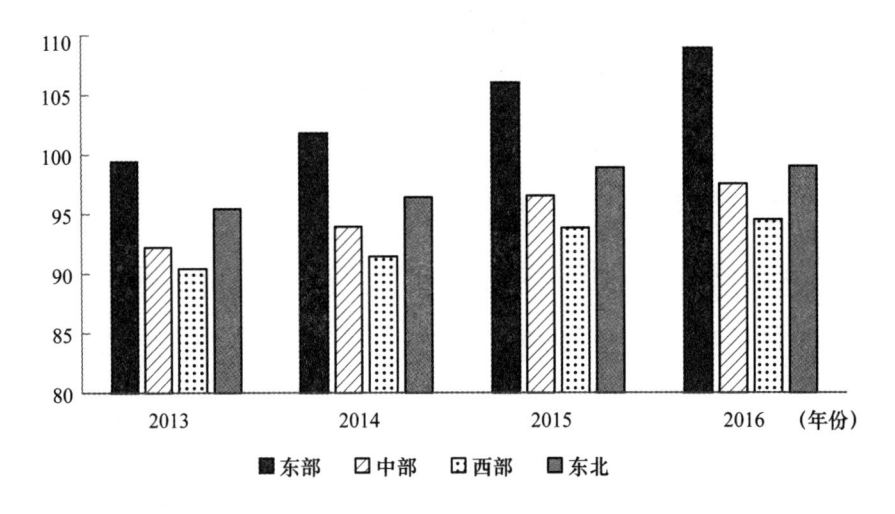

图 3-7 四大板块的新动能发展指数比较（分）

2. 四大板块新动能主要指标的比较

(1) 人力资本

东部地区人力资本得分独占鳌头，东北地区相对较高，西部地区垫底。2013—2016 年东部地区的人力资本得分始终最高，其后依次是东北、中部和西部地区（见图 3-8）。以 2016 年为例，东部地区的人力资本得分为 105.49 分，东北、中部、西部地区得分只有 99.26 分、96.12 分和 95.07 分。东部地区最优的人力资本得益于其较高的万人研发人员数，该指标为 118.58 分，在四大板块中排名第一。西部地区的平均受教育年限、大专及以上教育程度人口占比、万人研发人员数分别只有 98.69 分、94.46 分、90.84 分，均处于四大板块的最低水平，拉低了地区人力资本水平

（见表3-10）。

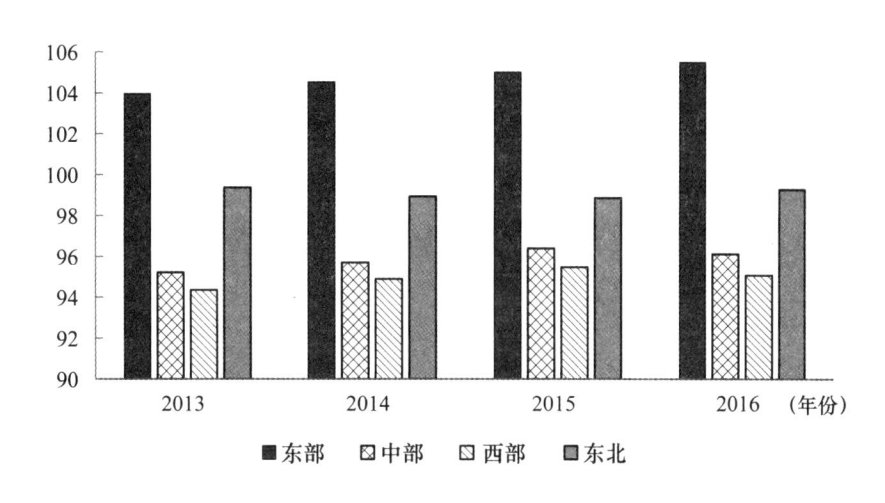

图3-8 四大板块的人力资本比较（分）

表3-10 2016年四大板块人力资本二级指标得分情况比较（分）

	东部地区	中部地区	西部地区	东北地区
平均受教育年限	100.63	99.64	98.69	100.98
大专及以上教育程度人口占比	98.87	94.49	94.46	101.25
万人研发人员数	118.58	93.05	90.84	94.98

从2016年四大板块内部各个省份的表现来看（见附件2），第一，在人力资本最为突出的东部地区中，北京、上海、天津、江苏得分最高，分别获得了136.57分、118.47分、117.22分和109.22分。2017年9月21日教育部公布的36所世界一流大学A类高校中，来自这四大省市的世界一流大学A类高校占比44.44%，涵盖了国内将近一半的高学历人才，极大地

提高了当地的人力资本。第二，在人力资本水平最低的西部地区中，贵州、云南得分最低，分别仅有 91.66 分和 92.73 分。原因在于，我国世界一流大学 36 所 A 类高校和 6 所 B 类高校中没有任何一所高校位于贵州，仅有一所高校来自云南。

(2) **知识资本**

东部地区知识资本一枝独秀。由于东部地区拥有全国绝大多数的顶尖高校、科研机构和高新技术企业，因此 2013—2016 年东部地区知识资本得分均高于 105 分，远超其他三个地区，中部、西部和东北地区的人力资本得分较低且不相上下（见图 3-9）。以 2016 年为例，东部地区知识资本高达 116.98 分，中部、西部和东北地区分别只有 94.25 分、93.96 分和 94.66 分。四大板块中，东部地区的 R&D 支出占 GDP 比重、"大

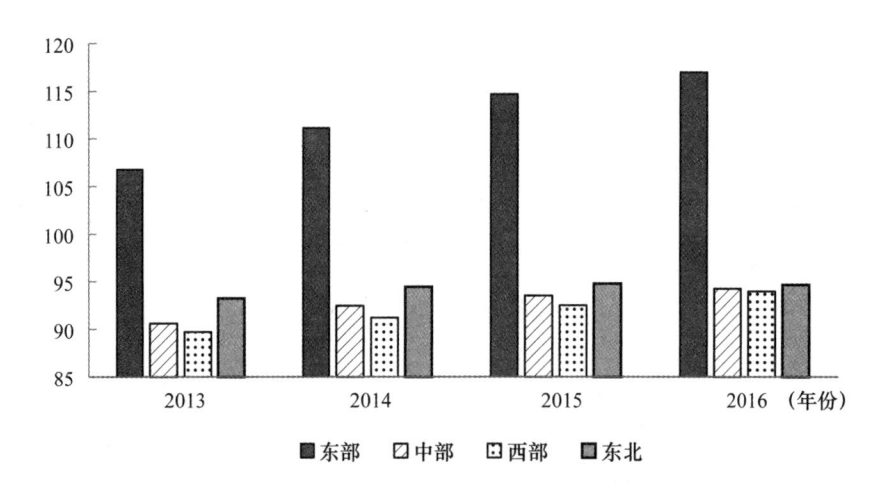

图 3-9 四大板块的知识资本比较（分）

数据"百度指数、人均软件业务收入、人均组织资本四项指标得分均为第一,分别为 112.00 分、109.38 分、134.52 分、116.01 分,提升了该地区的知识资本水平。西部地区较低的知识资本水平主要因为其 R&D 支出在 GDP 中占比得分排名最低,仅为 95.32 分(见表 3-11)。

表 3-11 2016 年四大板块知识资本二级指标得分情况比较(分)

	东部地区	中部地区	西部地区	东北地区
R&D 支出在 GDP 中占比	112.00	98.18	95.32	95.58
"大数据"百度指数	109.38	99.47	95.83	93.47
人均软件业务收入	134.52	83.87	88.25	93.82
人均组织资本	116.01	92.87	95.14	95.00

从 2016 年四大板块内部各个省份的表现来看(见附件 2),第一,在知识资本最为突出的东部地区中,北京、上海、江苏、广东得分最高,分别为 177.62 分、139.58 分、117.86 分和 117.40 分。首先,北京、上海、江苏三个省市的世界一流大学 A 类高校占比 38.89%,R&D 支出大、占比高。其次,广东省内涵盖了我国目前七大经济特区中的三个——深圳、珠海和汕头,软件业务收入、组织资本相对较高。第二,在知识资本水平最低的西部地区中,青海、广西得分最低,分别仅有 87.66 分和 88.31 分。原因在

于，两省均无任何一所高校跻身全国42所世界一流大学行列。

（3）科技进步

东部地区科技进步水平最高，其他地区仍有较大差距。2013—2016年东部地区科技进步水平位居榜首，其他三个地区差距较大（见图3-10）。以2016年为例，东部地区科技进步得分为120.03分，而中部、西部和东北地区分别只有92.44分、91.06分和90.54分。东部地区的TFP贡献率、PCT申请数、专利申请数、技术市场成交额均处于四大板块的最高水平，得分分别为97.34分、147.52分、124.00分、120.63分，推动了当地的科技进步。东北地区的TFP贡献率和专利申请数得分最低，分别只有92.84分和90.24分，阻碍了该地区的科技进步（见表3-12）。

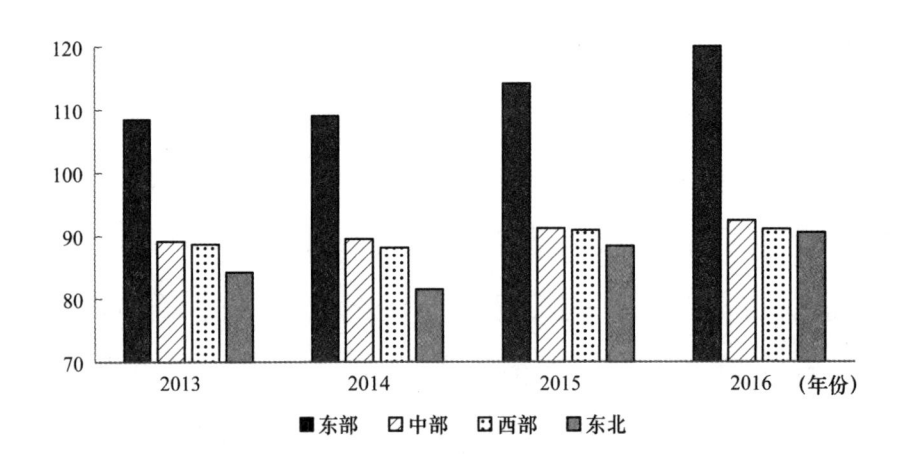

图3-10 四大板块的科技进步比较（分）

表 3 – 12　2016 年四大板块科技进步二级指标得分情况比较（分）

	东部地区	中部地区	西部地区	东北地区
TFP 贡献率	97.34	97.13	94.61	92.84
人均 PCT 申请数	147.52	83.49	82.52	82.92
人均专利申请数	124.00	94.54	92.25	90.24
人均技术市场合同成交额	120.63	91.19	92.52	95.13

从 2016 年四大板块内部各个省份的表现来看（见附件 2），第一，在科技进步最为突出的东部地区中，北京得分最高，为 272.06 分，广东、天津、江苏三大省市得分仅次于北京，分别为 142.56 分、131.14 分和 120.56 分。数据显示，2016 年北京、广东、天津、江苏的科技企业孵化器数量和专利申请数量占比分别高达 41.08% 和 40.05%。[①] 第二，在科技进步水平最低的西部地区中，新疆、宁夏得分最低，分别仅有 77.28 分和 79.75 分。整理发现，两省科技企业孵化器数量和专利申请数量占比均不足 1%。

（4）新投资

东北地区新投资水平显著下滑，其他地区总体呈现上升趋势。图 3 – 11 展示了 2013—2016 年四大板块的新投资水平。以 2016 年为例，东部、中部、西部和东北地区新投资得分依次递减，分别为 106.48 分、100.53 分、95.64 分和 94.55 分。东部地区的人均现

---

① 数据来源：2017 年《中国火炬统计年鉴》和《中国统计年鉴》，经计算得到。

代服务业固定资产投资额、人均高技术产业新增固定资产投资额、电子通信业投资占高技术产业投资比重、人均企业技术改造经费支出、万元 GDP 能耗在四大板块中得分均最高，分别为 104.53 分、108.06 分、105.61 分、101.93 分、111.05 分，助推了当地的新投资水平。东北地区的人均现代服务业固定资产投资额、人均高技术产业新增固定资产投资额、电子通信业投资占高技术产业投资比重得分最低，分别为 92.80 分、92.45 分、92.25 分，降低了该地区整体的新投资水平（见表 3-13）。

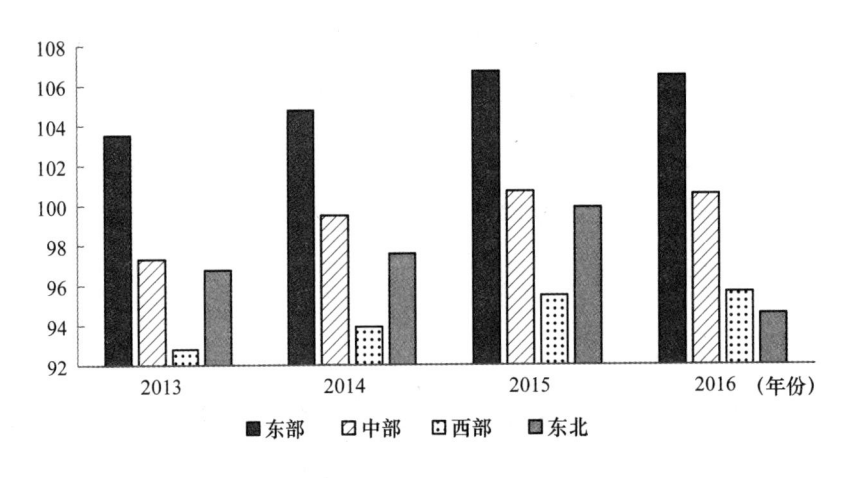

图 3-11　四大板块的新投资比较（分）

表 3-13　2016 年四大板块新投资二级指标得分情况比较（分）

	东部地区	中部地区	西部地区	东北地区
人均现代服务业固定资产投资额	104.53	97.88	100.21	92.80

续表

	东部地区	中部地区	西部地区	东北地区
人均高技术产业新增固定资产投资额	108.06	102.73	93.25	92.45
电子通信业投资占高技术产业投资比重	105.61	105.41	102.46	92.25
人均企业技术改造经费支出	101.93	94.26	91.46	92.56
万元GDP能耗	111.05	103.72	95.41	102.59

从2016年四大板块内部各个省份的表现来看（见附件2），第一，在新投资最为突出的东部地区中，江苏、天津、浙江、福建得分最高，分别为125.85分、111.52分、107.96分和106.32分。其中，江苏省的人均高技术产业新增固定资产投资额和人均企业技术改造经费指出两项指标得分分别为151.23分和126.15分，均处于全国最高水平。天津市的人均现代服务业固定资产投资得分最高，为128.34分。第二，在新投资水平最低且下滑最快的东北地区中，黑龙江省得分最低，仅为90.54分，辽宁省下降最快，由2013年的101.05分降至2016年的95.00分。原因在于，东北地区中黑龙江省人均企业技术改造经费支出得分最低，仅为85.66分。辽宁省人均现代服务业固定资产投资、人均高技术产业新增固定资产投资额、人均企业技术改造经费支出三项指标得分最低，分别为91.10分、82.86分、101.65分。

(5) 新业态

东部地区新业态发展处于领先地位，其他地区均得到较快发展。与 2013 年比，2016 年东部、中部、西部和东北地区新业态得分分别上升了 33.92 分、17.11 分、11.65 分和 10.37 分（见图 3-12）。以 2016 年为例，东部地区新业态得分为 128.63 分，中部、西部和东北地区仅为 102.07 分、95.20 分和 94.16 分。东部地区人均电子商务销售额、人均快递业务量、"共享经济"百度指数、"人工智能"百度指数、"互联网经济"百度指数五项指标得分在四大板块中均为第一，分别为 122.89 分、142.29 分、144.50 分、116.40 分、112.96 分。东北地区的人均电子商务销售额、"共享经济"百度指数、"人工智能"百度指数、"互联网经济"百度指数得分最低，分别为 88.01 分、109.68 分、96.90 分、89.67 分，拉低了该地区的新业态水平（见表 3-14）。

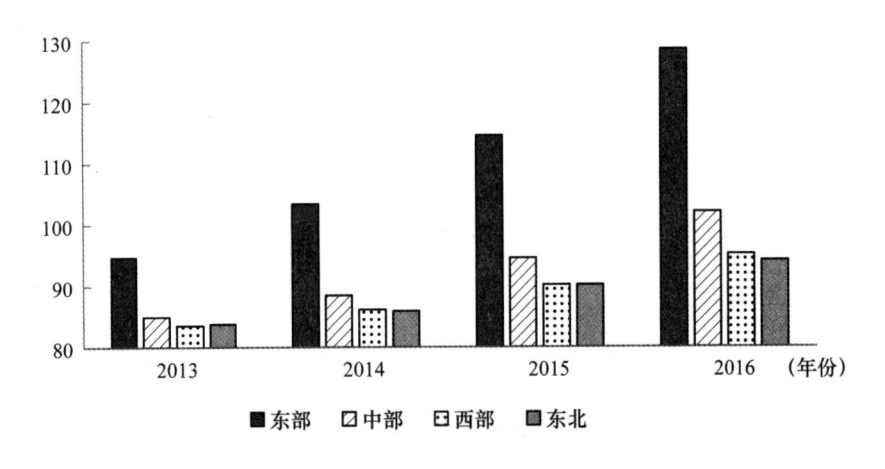

图 3-12 四大板块的新业态比较（分）

表 3-14　2016 年四大板块新业态二级指标得分情况比较（分）

	东部地区	中部地区	西部地区	东北地区
人均电子商务销售额	122.89	92.16	90.64	88.01
人均快递业务量	142.29	92.10	88.01	89.16
"共享经济"百度指数	144.50	129.17	110.70	109.68
"人工智能"百度指数	116.40	103.91	97.91	96.90
"互联网经济"百度指数	112.96	97.18	90.55	89.67

从 2016 年四大板块内部各个省份的表现来看（见附件 2），第一，在新业态最为突出的东部地区中，上海、北京、广东、浙江得分最高，分别为 195.40 分、190.04 分、149.85 分和 146.96 分。支付宝、滴滴出行、ofo、摩拜、饿了么、美团外卖、顺丰、圆通、中通、淘宝、京东、携程、去哪儿等公司总部均坐落于这四大省市，极大地推动了当地移动支付、共享经济和电子商务等新业态的发展。以支付宝、滴滴出行和饿了么为例，2017 年 1 月 4 日支付宝发布了 2016 年中国人全民账单，数据显示，上海的人均支付金额排名第一，高达 14.8 万元，浙江、北京排名第二和第三；广东的支付总额最高，在全国占比为 16%。滴滴出行发布的《2016 智能出行大数据报告》显示，杭州、深圳、广州、北京用户渗透率、智能出行发展水平两项指标排名均为全国前四。饿了么发布的《食知有味：2016 在线外卖消费大数据洞察》显示，上海、浙江、广东外卖订单量为全国前三，北京排名第五。第二，

在新业态水平最低的东北地区中，吉林省得分最低，仅为86.46分。2016年吉林省的"人工智能"百度指数、"共享经济"百度指数、人均快递业务量等二级指标得分在东三省中均为垫底。

（6）制度环境

东部和中部地区制度环境改善较大，西部和东北地区制度环境较差。2013—2016年东部地区制度环境得分最高，其后依次是中部、西部和东北地区（见图3-13）。以2016年为例，东部、中部、西部和东北地区制度环境分别为103.34分、99.77分、96.10分和94.54分，相较于2013年分别提高了3.96分、4.91分、3.28分和3.30分。东部地区优良的制度环境主要源于其最高水平的市场化程度、区域知识产权指数、"简政放权"指数，分别为105.80分、109.91分、102.49分。东北地区的新成立企业增长率最低，

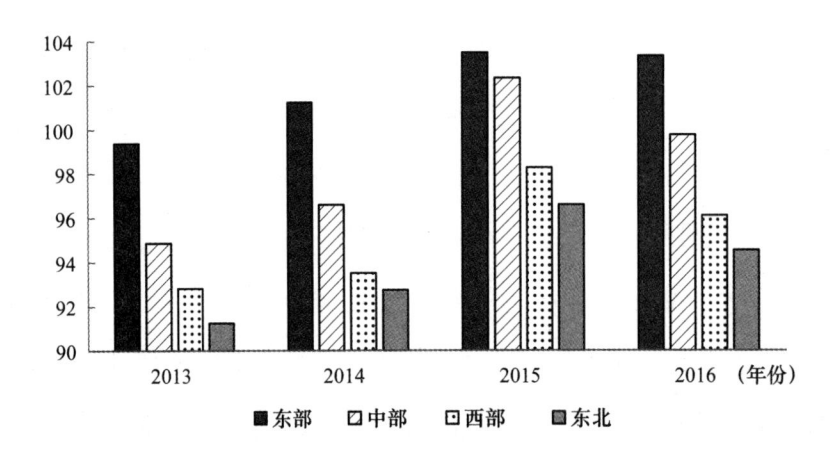

图3-13 四大板块的制度环境比较（分）

仅为87.86分，降低了该地区的制度环境水平（见表3-15）。

表3-15 2016年四大板块制度环境二级指标得分情况比较（分）

	东部地区	中部地区	西部地区	东北地区
新成立企业增长率	97.06	99.47	98.79	87.86
市场化程度	105.80	102.46	96.49	99.30
"简政放权"百度指数	102.49	99.86	94.74	98.02
区域知识产权指数	109.91	96.08	92.84	93.96

从2016年四大板块内部各个省份的表现来看（见附件2），第一，在制度环境最为突出的东部地区中，江苏、山东、广东、北京得分最高，分别为109.32分、106.98分、105.63分和104.48分。2013年新一届政府上任之后，转变政府职能的大幕拉开。2013年5月15日，《国务院关于取消和下放一批行政审批项目等事项的决定》发布。对此，江苏省首先取消和下放了行政审批项目及行政事业性收费28项，其次取消和下放了126项行政审批项目，最后于2013年12月1日发布了《江苏省政府关于推进简政放权深化行政审批制度改革的意见》。此外，山东、广东、北京也积极响应，2013年7月31日，山东省政府第6次常务会议通过并发布了《山东省人民政府关于取消和下放行政审批事项的决定》，2013年9月29日，广东省政府新

闻办举行新闻发布会,取消、免征、降低13项省定行政事业性收费。2013年8月27日,北京市人民政府出台了《北京市人民政府关于取消和下放246项行政审批项目的通知》。这一系列的措施和文件极大地深化了各地行政审批制度改革,推进了简政放权。第二,在制度环境水平最低的东北地区中,吉林省得分最低,仅为93.48分,主要原因在于其单一的所有制结构。

四 中国四大板块培育经济发展新动能评估结论和政策建议

（一）评估结论

本课题评估结论认为，中国经济新动能发展不断壮大，取得了显著成效。评估结果显示，中国经济新动能从2013年的95.32分增长至2016年的101.83分。2016年，新经济增加值占GDP的比重已达到15.3%，新经济增速为11.8%，远高于GDP增速。其中，在新动能的六项指标中，知识资本和新业态方面的表现较为突出。网上购物、移动支付、网络约车、互联网金融、人工智能、大数据、生物医药等新经济模式不断出现，改变了现有的消费模式和产业形态。评估结果说明，新动能对经济发展发挥了重要拉动作用，推动了中国经济结构调整和产业升级，有助于构建现代经济新体系，实现中国经济高质量发展。

东部地区新动能发展领先于全国。东部地区新动能发展水平一直列全国首位，综合得分从2013年的99.39分增长到了2016年的108.89分，体现了新动能发展的显著成效。不仅如此，东部地区在新动能发展的六项指标中均位于四大板块之首。其中，东部地区在科技进步和新业态方面的表现最为突出，大多数新业态和"独角兽"公司最早出现在北京、深圳、上海、杭州、广州等大城市，成为新动能发展的"领头羊"。

中部地区新动能发展势头良好，但人力资本存在明显不足。中部地区的新动能发展指数从2013年的92.21分逐年提高至2016年的97.52分，体现出良好的发展态势。中部地区尽管在发展水平上与东部地区仍然存在差距，但在各方面均持续增长，取得了显著进步，新动能不断发展和壮大。尤其是，在信息技术发展方面保持良好的势头，创业活动非常活跃，新增企业数量增速较快。但是，中部地区在人力资本方面存在明显不足，高素质人才数量较少，对于培育新动能的支持作用较弱，未来需要进一步提升人力资本水平。

西部地区新动能发展刚刚起步，但科技进步差距较大。西部地区的新动能发展得分从2013年的90.42分增长到了2016年的94.54分，网上销售、共享经济模式快速发展，机器人、智能制造等高技术产业发展迅速。但西部在各项指标上仍然处于全国末位，需要进一步加强培育新动能。其中，在科技进步方面还存在较大差距，专利数量和研发人员数量严重不足，不利于培育和发展新动能，在未来需要大力实施创新驱动发展战略。

东北地区新动能发展稳中有进，但制度环境亟待改善。2013—2016年，东北地区的新动能得分从95.42分增加至99.04分，新动能发展取得了一定成效。东北地区具备较好的工业基础，但国有经济占比较高，在经济发展中较为依赖传统产能。其中，东北地区在制度环境方面表现较差，体制机制僵化，一直位居四大板块的末位，且在2016年的评估得分出现回落，在市场化程度、创业等方面亟待改善。

（二）实现路径

综合考虑各个地区新动能发展的水平和增速，并对不同地区的发展状况进行比较，可以看出四大板块培育经济发展新动能的实现路径如下（见表4-1）：

表4-1　　　　四大板块经济发展新动能实现路径

板块	人力资本	知识资本	科技进步	新投资	新业态	制度环境
东部地区				×企业技术改造		×知识产权保护

续表

板块	人力资本	知识资本	科技进步	新投资	新业态	制度环境
中部地区	×高学历人才数	×组织资本				
西部地区	×研发人员数		×PCT申请数			
东北地区			×专利申请数			×新成立企业
全国				×企业技术改造		×新成立企业

一是中国总体经济发展新动能的重点不仅在于提高新投资的比重，还在于营造优良的制度环境。中国的新投资增长速度较慢，新投资评估得分在2016年出现回落，需要进一步加快产业升级，淘汰落后低效产能，实现新旧发展动能的"腾笼换鸟"。其中，中国的人均企业技术改造经费呈现下降趋势，在未来需要重点改善。在四大板块中，东北地区的新投资出现回落，应加强东北地区的产业升级，通过新投资逐渐淘汰落后产能，促进新旧动能转换。此外，中国在制度环境方面仍然存在较大改善空间。中国的制度环境总体呈现出改善态势，但在2016年的评估得分出现回落，且四大板块的制度环境得分均有所降低，东北地区下降幅度最大。其中，中国新成立企业和知识产权保护方面的表现较差，评估得分均出现下降。这说明中国需要进一步提高知识产权保护力度，激发市场活

力，为企业营造良好的制度环境，大力促进创新创业活动。

二是东部地区在传统产业技术改造和知识产权保护方面仍需进一步提升。东部地区新动能的整体发展水平较高，但在人均企业技术改造经费支出方面出现明显下降，得分平均降幅达到8.5%。其中，北京市、天津市、广东省、河北省、海南省的人均企业技术改造经费支出得分降幅最大，未来具有较大提升空间。东部地区的知识产权保护力度也需进一步提升，在区域知识产权保护上的得分出现下降，河北省和海南省的评估得分低于全国平均水平，多数东部省份在知识产权保护方面出现负增长，成为影响东部地区制度环境的主要原因。

三是中部地区应弥补高学历人才和知识资本方面的短板。中部地区在人力资本方面增长非常缓慢，发展水平仅略高于西部地区，需要尽快弥补短板。中部地区在高学历人才方面尤其表现出不足，2016年的大专及以上教育程度人口占比仅为10.54%，在全国范围内处于较低水平，难以支持和促进新动能的发展。中部地区在知识资本方面也存在不足，其中若干指标均位于各大板块的末位。2016年山西省的人均软件业务收入在全国排名倒数第二，湖南省的组织资本排在全国倒数第一，表现出明显短板。

四是西部地区重在提高人力资本和高质量专利水平。西部地区面临人力资本水平较低的问题，研发人员数量严重不足，且增速缓慢。其中，青海省、贵州省、广西壮族自治区、云南省、新疆维吾尔自治区和甘肃省的每万人研发人员数位于全国末位，需要大力提升研发人员从业数量。西部地区的 PCT 专利极度匮乏，人均 PCT 专利数远低于全国平均水平。除重庆市、四川省和陕西省外，中部省份的人均 PCT 专利申请数在数量和增速上均亟待提升。其中，甘肃省和青海省的得分最低，每万人 PCT 专利申请数仅为 31 个和 51 个。

五是东北地区需着力提升自主创新能力和改善制度环境。东北地区在科技进步方面的表现较差，在四大板块中处于末位。除技术市场合同成交额外，东北地区在科技进步的各项评估得分均为全国最低。2016年，东北地区的人均 PCT 申请数和人均专利申请数分别只有 0.03 件和 9.79 件，均明显低于全国平均水平的 0.30 件和 23.83 件。其中，黑龙江省和吉林省的自主创新短板更为明显，未来需要大力提升自主创新能力。东北地区的制度环境得分一直在全国处于末位，与全国平均水平差距明显。东北地区的市场化程度偏低，新成立企业数量较少，简政放权的推进力度需要进一步加强。黑龙江省、吉林省和辽宁省的制度环境得分均在 2016 年出现下降，需要理顺政府与市场的关系，为企业营造良好的制度环境，充分发挥市场活力。

（三）政策建议

1. 中国总体新动能实现建议

（1）大力培育和壮大新业态

评估结果显示，中国整体新业态发展势头强劲。但是，目前中国新业态尚未形成持续快速发展的趋势。因此，课题组建议：首先，应继续推进"互联网+"行动。推动互联网与社会经济各领域的深度融合，鼓励大数据、云计算、智能制造、人工智能、无人驾驶、互联网金融等新业态的推广与发展。加大政府的引导力度，继续鼓励创新创业，以新业态发展带动传统产业改造升级，形成持续的增长态势。其次，培育适合新业态发展的城市环境。降低城市犯罪率，加强公共基础设施建设，提高社会保障水平，提高基础教育及高等教育水平，减少城市通勤时间，增加绿化面积，下大力气改善空气质量，为新业态的发展提供良好的营业环境，推动建立产城融合的发展模式。最后，大力引进国际顶尖人才。顶尖人才是新经济发展的核心要素，是培育新动能的关键。目前，北京、上海等一线城市，外籍人才比例不足1%，与美国硅谷外籍人才

37%的占比相差甚远。建议北京、上海和深圳等一线城市，大力引进外籍著名科学家、企业家、科研人员等国际化高端人才，形成国际化的创新氛围。

（2）优化投资结构，提高新投资占比

评估结果显示，中国总体新投资水平增速缓慢，实体经济发展动力不足。建议全国培育新动能应以新投资为着力点，改善地区投资结构，提高新投资占比。一是加快实施"腾笼换鸟"。加快淘汰、转移地区高污染、高消耗、低产出、低效益的低端产业，加快淘汰落后产能，促进节能减排。通过空间腾挪，加快引入高端先进制造业、现代生产性服务业、新兴产业等产业。进而促进区域产业结构的优化升级，加快新旧动能转换步伐，提高建设用地亩均GDP产出。二是提高新兴产业投资比重。发挥政府的引导作用，加快建设包括产业基金、风险投资、创业投资、重点实验室、工程实验室、孵化器、公共技术服务平台等在内的创新服务平台，为新投资的快速发展创造空间。扩大新兴产业用地面积，加大新兴产业投资力度。三是加快传统产业技术改造。传统产业是产业优化升级的起点和基石，目前传统产业仍是经济发展的主力军。因此，应充分运用新一代信息和互联网技术、数字智能制造技术、节能环保技术等改造手段，以旧动能催生新动能，实现新旧动能融合式发展。

(3) 孕育适于新动能发展的制度环境

评估结果显示，中国总体制度环境得到了较大的改善，但近年来制度环境整体有所恶化。建议在全国范围内大力改善制度环境以培育适合新动能发展的制度环境。一是发挥好政府和市场的作用。在新动能培育上，从最初由政府主导转变为政府引导，再由政府引导转变为政府服务，最终实现由市场决定，充分发挥市场在资源配置中的决定性作用。二是创新制度供给，做一个"保姆式"政府。由于新经济、新业态发展迅速，旧有的相关法律法规跟不上新经济发展的步伐。因此，需要地方政府转变审批、监管思路，做一个服务型"保姆式"政府。在不违背法律和人伦的原则下，改变原来的"法无规定即禁止"传统产业监管做法，转变为"法无规定即默许"的新产业监管思路，从而减少新动能进入市场的壁垒，给新经济提供一个温室。此外，在新动能培育的过程中，地方政府应及时跟进新经济发展中企业遇到的问题，协调各级部门进行解决，及时修订和更新法规政策，为新动能有序发展保驾护航。三是深化行政体制改革。继续推进商事制度改革，推进工商注册便利化，在工商登记中推进"多证合一"，取消不必要的行业门槛限制；推广"互联网+政务服务"，全面实行并联审批、阳光审批、限时办结等制度，提高行政审批效率，健全事中事后监管。四是加强知识产权保护。加强知识产权立法，加快知识产权审批进程，加快建立专业的知识产权案件审判机构，加大对国外 PCT 专利申请的奖励力度。

2. 东部地区新动能实现建议

（1）加大传统产业技术改造力度

评估显示，东部地区人均企业技术改造经费支出降幅明显。课题组建议，一方面，东部地区，特别是河北省、山东省、海南省等省份应加快淘汰和转移"三高"产业，加快"去产能"步伐。另一方面，东部地区应持续加大企业技术改造投资力度。瞄准新一轮产业制高点，推进制造业加速向智能化、高端化、集群化、服务化、精品化、绿色化方向延伸拓展，鼓励企业全面提高产品技术、工艺装备、能效环保和安全水平，推动互联网、大数据、人工智能和实体经济深度融合，扩大技改支持范围，加大对企业技改投资的支持力度，推动实体经济高质量发展。

（2）把知识产权保护上升到地区战略层面

评估结果显示，近年来，东部地区知识产权保护力度有所下降。知识产权保护是地区创新、新动能发展的制度保障，因此课题组建议，东部地区应将知识产权保护上升到地区战略层面。一是加强知识产权法律保护。建立健全知识产权法律法规保护体系,积极开展知识产权法治宣传工作,引导创新主体增强知识产权法治意识。二是加大侵权惩罚力度。积极推进知识产权审判专业机构建设,建立知识产权法院,提高知识产权案件审判的工作效率。三是大力支持知识产权创造。建立知识产权中心及共同执法小组,缩短专利申请审查时间;设立国外专利申请专项资金,激励企业创造高质量的专利发明。在知识产权创造、运用和保护的每个链条上,政府都要提供良好的知识产权服务。

(3) 继续加大研发投入力度,培育原创性成果

评估结果显示,东部地区整体研发投入力度虽有提升,但地区内部研发投入分化明显。一方面,加大科研投入同时,统筹东部地区科技创新资源。通过京津冀一体化、粤港澳大湾区、长江经济带、山东半岛蓝色经济区等建设,促进区域经济融合,发挥北京、上海、广州、深圳、南京、杭州等城市科技资源辐射作用,开放科技资源,促进河北、海南、山东等省份的科技创新和成果落地,加大落后省份的研发投入力度。另一方面,科技资源密集地区加大培育原创性成果。虽然北京、上海、深圳等东部大城市研发经费内部支出较高,但是原创性成果仍然较少。因此,应该加大基础性理论研究和应用研究的投入力度,在科学上不断追踪国际前沿，力争做出有国际影响力的原创性成果和技术。

（4）加大吸引顶尖国际人才力度

评价结果显示，东部地区虽然人才集聚度较高，但国际顶尖人才（如诺贝尔奖得主、准诺奖得主及顶尖科学家）占比仍不足。因此，课题组建议，东部地区应加大吸引顶尖国际人才力度，面向全球挖人才，使人才"进得来，留得住"，以突破人才瓶颈。一方面，打破人才自由流动的限制。给外籍高端人才以优惠的签证待遇，放宽外籍人才取得"中国绿卡"（永久居留证）的条件，针对高层次人才设立永久居留"直通车"，设立创业团队成员和外籍技术人才快速入境和长期居留便捷通道等。另一方面，建立类海外环境的国际人才社区，为外籍人才在医疗、住房、子女教育等方面提供保障。

3. 中部地区新动能实现建议

（1）培养和留住高素质创新人才

培育新动能的关键是创新，而创新的载体是人才。中部地区新动能的发展短板表现为人力资本和知识资本严重不足，面临"孔雀东南飞"的人才流失问题，在高素质高学历人才方面一直处于较低水平，未能得到明显改善。因此，中部地区需要加大对高素质人才的支持力度，吸引更多高素质创新人才，同时加强大学生培养，提高大学生比例，支持大学生从事创新创业工作。中部地区需要提供良好的创新创业环境做到"事业留人"，营造良好的区域文化做到"感情留人"，并完善交通、住房、基础设施等公共服务做到"环境留人"。

（2）提升地区知识资本水平

中部地区在知识资本方面存在不足，其中人均组织资本和人均软件业务收入均在四大板块中处于末位，亟待改善。中部地区需要发挥政府的引导作用，加大研发投入力度，鼓励和引导企业开展培训活动，提高企业在市场中的学习能力和竞争力，提高企业组织资本。深入推进"互联网+"行动，促进互联网与经济社会各领域深度融合，提升地区知识资本水平。其中，湖南省的人均组织资本排名全国倒数第一，山西省的人均软件业务收入排名全国倒数第二，是中部地区中尤其需要加强和提高的省份。

（3）大力推进创新驱动发展战略

中部地区在科技进步方面提升较为缓慢，近四年的 TFP 贡献率基本持平，技术市场合同成交额处于四大板块的末位，创新要素未能在经济发展中发挥主要作用。中部地区原有的经济发展较为依赖传统动能，在原先依靠资本、能源等高投入推动发展的模式难以为继的情况下，需要将创新视为第一生产要素，加强地方政府在经济发展新动能上的引导作用，大力推进创新驱动发展战略，加快新产能项目的引入和落地，提升新动能对于经济的拉动作用。中部地区需要加强高校和科研机构的水平和产出，提高对企业和科研人员的创新激励，加强知识产权保护，实现经济发展由传统动能驱动转向创新和新动能驱动。

4. 西部地区新动能实现建议

（1）抓住新动能发展的宝贵机遇，不断缩小地区差距

评估结果显示，相对其他板块，尽管西部地区近年来新动能发展较快，但由于经济基础落后，且科技资源和人才力量薄弱，新动能发展处于较低水平。因此，西部地区应及时抓住机遇，不断缩小与其他板块的差距。课题组建议，一方面，要善于利用环境优势。西部地区拥有原生态的旅游文化资源，得天独厚的优美环境，如成都、西安与昆明等城市，应充分挖掘吸引高端人才的巨大潜力。此外，西部地区由于第二产业相对落后，工业化污染程度较低，不存在巨大的结构调整问题，可作为直接发展新动能的沃土。另一方面，要优化制度环境供给。在西部大开发与"一带一路"建设的契机下，应持续加强政府支持引导力度，形成利于新经济、新动能发展的良好氛围，努力实现

"弯道超车"。

（2）实行西部人才振兴计划

评估结果显示，西部地区人力资本处于四大板块末位，人才竞争力水平亟待提高。人才是支撑地区高质量发展的第一资源，因此，课题组建议，首先，要留住高端人才。应完善人才研发成果的评价体系，建立相应的薪酬激励机制，同时加强精神鼓励，提高高端人才的责任感、荣誉感与归属感。其次，应积极培育人才。加大教育与研发投入，提高大学生素质与研发技能，鼓励创新创业，培育一批"了解西部，热爱西部，奉献西部"的企业家人才。最后，实行科研人才股权激励。制定适合西部高校、科研院所、国有企业奖励科研人员的股权激励方案，激发创新活力，提高研发人才的成就感与获得感。

（3）将科技创新作为地区经济发展的重中之重

评估结果显示，科技进步是西部地区新动能发展的最大短板，其中，专利水平表现最差，全要素生产率停滞不前，严重制约了西部新动能的发展壮大。因此，课题组建议，一是加大研发投入力度。各级各部门要采取有效措施，推动企业持续加大研发投入力度，并设立研发专项资金，提升区域创新活力。二是推动专利事业发展。要激发全社会发明创造积极性，形成鼓励创新的良好社会环境，同时应畅通专利申请与审批渠道，加强国际 PCT 专利申请奖励，建立有利于科技转化的运行机制和政策环境。三要提高全要素生产率。应通过增加有效制度供给、产业结构优化以及投入要素升级等方式提高全要素生产率，进而提升西部地区发展质量。

5. 东北地区新动能实现建议

（1）优化制度环境，增强市场主体的活力

评估结果显示，东北地区制度环境在全国处于四大板块中最差，已成为制约新动能发展的深层次原因。因此，课题组建议：东北地区首先应该将优化制度环境放在板块作为的首位。通过体制机制改革，构建新产能发展的新体制，以增强市场主体的活力。一是理顺政府和市场之间的关系。李克强总理指出，东北地区要全面对标国内先进地区，加快政府职能转变。坚决贯彻落实中央关于简政放权、负面清单等方面的政策，构建"亲""清"服务型政府。在新动能培育上，要加强政府在经济发展新动能领域的引导作用，着力发挥市场在资源配置中的决定性作用。二是深化行政审批和商事制度改革，增强双创活力。建议各地区设立行政审批中心，减少审批环节，压缩审批天数，提供"一站式"服务，实现"一窗式"服务。同时，要积极放宽市场主体场所登记条件，提升全程电子化服

务水平，推行"先照后证""多证合一"等商事制度，并利用"双随机一公开"的方式完善市场监管。三是完善社会信用体系建设。要坚持"政府推动，市场运作"的原则，公平、公开、公正建设企业信用体系，强化信用管理的内部约束机制和利益激励机制。四是加大知识产权保护力度。在东北地区实行知识产权示范城市，成立知识产权法院，大大压缩知识产权审批时间。健全知识产权保护相关法律法规，加强行政执法力度，强化知识产权的协同保护与海外保护。

（2）加大研发人员股权激励力度，推动国有企业技术创新

评估结果显示，东北地区自主创新能力薄弱，TFP贡献率偏低，研发人才存在较大流失风险。而在东北经济结构中国有经济占据较高比重，是东北经济的典型代表。国有企业存在较为严重的"大锅饭"现象，激励机制发生扭曲，研发人员的智力成果难以获得相匹配的报酬收益，创新投入产出比低。因此，课题组建议，要加强对国有企业研发人员的股权激励力度。不断提高研发人员科技成果转移转化收益比例，使研发人员能够根据研发成果获得丰厚回报，增强研发和技术人员的创新的获得感，以留住人才、用好人才，提高企业研发效率，推动企业技术创新水平。

（3）提高全要素生产率，助推经济提质增效

评估结果显示，尽管东北地区的TFP贡献率在逐步提升，但仍处于全国末位，制约该地区新动能进一步发展壮大。因此，课题组建议，要多措并举，努力提高东北地区全要素生产率，助推经济提质增效。一是深化国有企业混合所有制改革。要多渠道、多途径吸引社会资本参与国企改革，积极引进主业匹配、管理规范、具有技术或资金实力的战略投资者，实现优势互补和体制机制创新。同时，要建立健全企业上市统筹协调机制，加快推进国有企业改制上市。二是鼓励民间投资，促进新经济发展。要放宽民营经济的市场准入和投资准入，降低民营经济营业成本，大力推行"法不禁止即可为"的产业监管做法，积极培育新动能，促进新经济发展。三是通过淘汰落后产能，实行"腾笼换鸟"以壮大新产能。要综合运用财税政策、信贷政策等"组合拳"，引导企业进行技术改造。以钢铁、煤炭、水泥等高耗能、低附加值的产业为重点，严格执行节能环保相关法律法规，强化惩戒约束。同时要强化市场竞争机制，通过更充分的市场竞争倒逼产能更迭。在大连、沈阳、哈尔滨、长春等城市实施"腾笼换鸟"战略，转换新旧动能，促进新兴产业和现代服务业发展，助推产业结构优化升级。

五 计算附表

附件1：分板块新动能各级指标得分及排名情况

附表1-1 2013—2016年四大板块新动能总得分排名情况

年份	东部 得分	东部 排名	中部 得分	中部 排名	西部 得分	西部 排名	东北 得分	东北 排名
2013	99.39	1	92.21	3	90.42	4	95.42	2
2014	101.77	1	93.93	3	91.44	4	96.40	2
2015	106.01	1	96.52	3	93.83	4	98.91	2
2016	108.89	1	97.52	3	94.54	4	99.04	2

附表1-2 2016年四大板块新动能一级指标得分排名情况

一级指标	东部 得分	东部 排名	中部 得分	中部 排名	西部 得分	西部 排名	东北 得分	东北 排名
人力资本	105.49	1	96.12	3	95.07	4	99.26	2
知识资本	116.98	1	94.25	3	93.96	4	94.66	2
科技进步	120.03	1	92.44	2	91.06	3	90.54	4
新投资	106.48	1	100.53	2	95.64	3	94.55	4
新业态	128.63	1	102.07	2	95.20	3	94.16	4
制度环境	103.34	1	99.77	2	96.10	3	94.54	4

附表1-3　2016年四大板块新动能二级指标得分排名情况

一级指标	二级指标	东部 得分	东部 排名	中部 得分	中部 排名	西部 得分	西部 排名	东北 得分	东北 排名
1 人力资本	1.1 平均受教育年限	100.63	2	99.64	3	98.69	4	100.98	1
	1.2 大专及以上教育程度人口占比	98.87	2	94.49	3	94.46	4	101.25	1
	1.3 万人研发人员数	118.58	1	93.05	3	90.84	4	94.98	2
2 知识资本	2.1 R&D支出在GDP中占比	112.00	1	98.18	2	95.32	4	95.58	3
	2.2 "大数据"百度指数	109.38	1	99.47	2	95.83	3	93.47	4
	2.3 人均软件业务收入	134.52	1	83.87	4	88.25	3	93.82	2
	2.4 人均组织资本	116.01	1	92.87	4	95.14	2	95.00	3
3 科技进步	3.1 TFP贡献率	97.34	1	97.13	2	94.61	3	92.84	4
	3.2 人均PCT申请数	147.52	1	83.49	2	82.52	4	82.92	3
	3.3 人均专利申请数	124.00	1	94.54	2	92.25	3	90.24	4
	3.4 人均技术市场合同成交额	120.63	1	91.19	4	92.52	3	95.13	2
4 新投资	4.1 人均现代服务业固定资产投资额	104.53	1	97.88	3	100.21	2	92.80	4
	4.2 人均高技术产业新增固定资产投资额	108.06	1	102.73	2	93.25	3	92.45	4
	4.3 电子通信业投资占高技术产业投资比重	105.61	1	105.41	2	102.46	3	92.25	4
	4.4 人均企业技术改造经费支出	101.93	1	94.26	2	91.46	4	92.56	3
	4.5 万元GDP能耗	111.05	1	103.72	2	95.41	4	102.59	3

续表

一级指标	二级指标	东部 得分	东部 排名	中部 得分	中部 排名	西部 得分	西部 排名	东北 得分	东北 排名
5 新业态	5.1 人均电子商务销售额	122.89	1	92.16	2	90.64	3	88.01	4
	5.2 人均快递业务量	142.29	1	92.10	2	88.01	4	89.16	3
	5.3 "共享经济"百度指数	144.50	1	129.17	2	110.70	3	109.68	4
	5.4 "人工智能"百度指数	116.40	1	103.91	2	97.91	3	96.90	4
	5.5 "互联网经济"百度指数	112.96	1	97.18	2	90.55	3	89.67	4
6 制度环境	6.1 新成立企业增长率	97.06	3	99.47	1	98.79	2	87.86	4
	6.2 市场化程度	105.80	1	102.46	2	96.49	4	99.30	3
	6.3 "简政放权"百度指数	102.49	1	99.86	2	94.74	4	98.02	3
	6.4 区域知识产权指数	109.91	1	96.08	2	92.84	4	93.96	3

附件2：分省新动能各指标得分及排名情况

附表2-1　　2013—2016年各省份新动能总得分排名情况

板块	省份	2013年		2014年		2015年		2016年	
东部	北京	139.52	1	145.75	1	161.90	1	161.87	1
	福建	96.95	7	98.61	7	100.92	8	102.82	9
	广东	103.16	6	107.69	5	111.49	5	119.61	3
	海南	87.94	29	88.73	26	90.95	27	91.76	26
	河北	90.52	18	91.73	18	94.59	18	96.11	18
	江苏	108.62	3	111.09	3	115.09	3	117.87	4
	山东	96.22	8	98.45	8	102.11	7	104.41	7

续表

板块	省份	2013年		2014年		2015年		2016年	
东部	上海	110.43	2	118.66	2	124.95	2	129.44	2
	天津	105.85	4	107.88	4	113.26	4	115.43	5
	浙江	103.67	5	106.56	6	111.09	6	114.76	6
中部	安徽	93.76	13	95.55	13	97.77	13	98.81	13
	河南	91.08	17	93.25	16	96.12	16	96.58	17
	湖北	94.6	11	96.95	10	100.38	11	101.36	10
	湖南	92.86	14	94.79	14	96.59	15	98.25	14
	江西	91.56	16	93.03	17	95.93	17	96.84	16
	山西	89.73	22	89.18	24	90.66	28	93.93	20
西部	甘肃	89.75	21	90.10	22	91.27	26	90.73	28
	广西	89.49	23	90.78	20	92.64	21	93.06	22
	贵州	90.5	19	90.33	21	92.17	23	92.37	24
	内蒙古	87.55	30	88.71	27	92.81	20	94.75	19
	宁夏	88.42	25	89.20	23	92.29	22	91.32	27
	青海	88.33	26	87.69	30	89.03	29	89.34	29
	陕西	95.11	10	96.56	11	100.58	10	101.26	11
	四川	92.35	15	94.22	15	97.57	14	99.14	12
	新疆	88.03	28	88.44	28	88.43	30	88.91	30
	云南	88.05	27	88.03	29	92.01	24	92.12	25
	重庆	94.57	12	97.75	9	100.68	9	103.20	8
东北	黑龙江	89.29	24	89.07	25	91.67	25	92.85	23
	吉林	90.08	20	91.38	19	93.24	19	93.73	21
	辽宁	95.28	9	95.90	12	100.29	12	97.79	15

附表2-2　2016年各省份新动能一级指标得分排名情况

板块	省份	人力资本 得分	人力资本 排名	知识资本 得分	知识资本 排名	科技进步 得分	科技进步 排名	新投资 得分	新投资 排名	新业态 得分	新业态 排名	制度环境 得分	制度环境 排名
东部	北京	136.57	1	177.62	1	272.06	1	104.36	7	190.04	2	104.48	4
东部	福建	98.68	14	103.33	9	92.23	16	106.32	5	114.13	8	100.91	10
东部	广东	104.38	6	117.40	4	142.56	2	103.84	8	149.85	3	105.63	3
东部	海南	94.08	25	89.00	28	83.24	26	96.99	21	92.25	25	94.18	25
东部	河北	95.72	20	92.65	17	89.25	19	97.35	18	102.15	14	100.30	14
东部	江苏	109.22	4	117.86	3	120.56	4	125.85	1	121.75	5	109.32	1
东部	山东	99.23	9	104.92	8	99.05	9	102.46	11	114.31	7	106.98	2
东部	上海	118.47	2	139.58	2	119.23	5	105.38	6	195.40	1	103.19	7
东部	天津	117.22	3	113.84	5	131.14	3	111.52	2	118.29	6	102.38	8
东部	浙江	106.30	5	111.77	6	114.85	6	107.96	3	146.96	4	103.96	5
中部	安徽	95.58	21	95.11	14	96.50	11	103.42	10	101.98	15	99.94	15
中部	河南	94.23	24	94.52	15	85.97	23	100.90	15	106.33	12	96.77	22
中部	湖北	99.13	11	99.23	12	102.43	8	100.56	16	107.18	11	100.63	12
中部	湖南	97.24	16	93.17	16	94.13	13	102.33	12	101.04	17	101.93	9
中部	江西	94.50	23	91.22	20	91.89	17	103.64	9	98.60	18	100.79	11
中部	山西	97.20	17	91.18	21	82.95	27	93.62	26	96.30	19	103.34	6

续表

板块	省份	人力资本 得分	人力资本 排名	知识资本 得分	知识资本 排名	科技进步 得分	科技进步 排名	新投资 得分	新投资 排名	新业态 得分	新业态 排名	制度环境 得分	制度环境 排名
西部	甘肃	94.03	26	91.05	24	86.49	22	92.29	27	88.17	27	91.72	29
	广西	93.06	27	88.31	29	87.67	21	97.21	19	93.48	23	98.81	17
	贵州	91.66	30	91.11	23	83.25	25	95.48	22	93.88	22	98.21	18
	内蒙古	99.20	10	90.21	25	93.04	15	97.19	20	94.78	20	94.81	24
	宁夏	98.23	15	89.81	27	79.75	29	95.03	23	86.71	29	97.64	20
	青海	92.78	28	87.66	30	82.54	28	94.11	25	89.29	26	88.64	30
	陕西	99.42	8	101.76	10	104.40	7	101.77	13	101.78	16	98.08	19
	四川	94.83	22	97.54	13	95.24	12	98.00	17	110.83	9	99.32	16
	新疆	95.77	19	90.10	26	77.28	30	89.35	30	87.61	28	92.80	28
	云南	92.74	29	92.20	18	85.31	24	91.11	28	94.62	21	97.03	21
	重庆	98.83	12	105.60	7	97.86	10	106.85	4	107.50	10	100.59	13
东北	黑龙江	97.13	18	91.12	22	93.20	14	90.54	29	92.97	24	93.49	26
	吉林	98.81	13	91.68	19	88.22	20	101.75	14	86.46	30	93.48	27
	辽宁	101.47	7	100.37	11	91.31	18	95.00	24	102.31	13	96.33	23

参考文献

黄茂兴：《"十三五"时期中国区域发展新理念、新空间与新动能——2016年中国区域经济学会年会综述》，《中国工业经济》2017年第1期。

刘尚希、苏京春：《供给侧结构性改革、新动能与供求新平衡》，《中共中央党校学报》2018年第2期。

马化腾：《数字经济：中国创新增长新动能》，中信出版社2017年版。

田侃、倪红福、李罗伟：《中国无形资产测算及其作用分析》，《中国工业经济》2016年第3期。

刘凤良、于泽、闫衍：《全球技术进步放缓下中国经济新动能的构建》，《经济理论与经济管理》2016年第12期。

Corrado, Carol, Charles Hulten, and Daniel Sichel, " Measuring Capital and Technology: An Expanded Framework", in C. Corrado, J. Haltiwanger, D. Sichel, eds. , *Studies in Income and Wealth*, Chicago: The University of Chicago Press, 2005.

后 记

以人工智能、数字经济、共享经济、云计算为代表的新动能已成为驱动中国经济发展的重要支撑。但在区域之间存在着较大的新动能发展差距。为此，本课题在构建区域经济发展新动能评价指标体系基础上，评估了2013—2016年四大板块经济发展新动能的综合效果。

课题研究发现，中国经济新动能显著提高，助推了中国经济高质量发展。四大板块新动能发展不均衡：东部地区新动能发展领先于全国，中部地区新动能发展势头良好，但西部地区新动能发展水平较低，而东北地区新动能发展的制度环境亟待提高。基于以上结论，课题给出了四大板块培育经济发展新动能的实现路径，并提出了一系列政策建议。

本课题首次从全国和四大板块出发，评价了中国各大板块经济发展新动能。课题研究有助于判断中国区域经济发展新动能的水平，根据各地区新动能发展的短板，提出相关的政策建议，对于中国进一步平衡发展各板块新动能，促进中西部和东北地区经济新动能发展具有重要的政策参考价值。

当然，本课题还有进一步研究的空间。一是关于评价指标体系，由于经济发展新动能层出不穷，应随着新动能发展不断更新指标体系；二是关于统计数据，如果有更加详细的关于人工智能、数字经济、区块链、共享经济等新经济领域的统计数据，会更加客观地反映各大板块经济发展新动能的现实情况。三是关于微观领域的研究，下一步如果能够获取新经济领域企业层面的数据，可以从企业指标体系出发，更细致严谨地评价中国各地区培育经济发展新动能的状况，提出更为具体的实现路径和政策建议。

本课题研究和出版得到了北京大学国家高端智库办公室的资助，在此表示感谢。也感谢黄益平老师与中国社会科学出版社推出了北京大学国家发展研究院智库成果，使得本书得以出版。同时感谢范保群老师对课题撰写和本书出版的大力支持。最后感谢段雨玮、杨梦俊、汪海建、李兆辰、王璐、熊丽、梁燕同学在数据和资料整理上所做出的高效工作。

2020 年 7 月 1 日
于北京大学国家发展研究院艺园办公区

郑世林，山东日照人，管理学博士。北京大学国家发展研究院副研究员，博士后合作导师。主要研究领域为创新经济学、产业经济学、新政治经济学。曾任中国社会科学院数量经济与技术经济研究所副研究员、技术经济理论方法室副主任。学术兼职为香樟经济学术圈创始人、《产业经济评论》执行主编、山东省人民政府发展研究中心特聘研究员、工信部政策研究库专家、中国信息学会常务理事等。在《经济研究》《世界经济》《中国工业经济》《经济学季刊》，以及 China Economic Review、Technological Forecasting and Social Change、Telecommunications Policy、Energy Policy 等中英文期刊发表论文五十余篇。主持和参与国家自然科学基金、部委和地方政府委托课题五十余项。荣获第四届"蒋一苇企业改革与发展学术基金奖"、中国信息经济学理论贡献奖、《光明日报》2017年中国智库成果奖等。